中國人

遠回事

明清至現代：
全球化趨勢下的中國

李乃義 ———— 著

中國人這回事

第四冊

明清至現代

全球化趨勢下的中國

編者按

中國歷史當然是我們熟悉的老話題，而原著存在大量新鮮的信息和觀點，但作者以區區1本書篇幅來涵蓋的意圖，即便已經簡約為大歷史，依然使我們覺得飽滿到可能引致消化不良，所以在完全保留原著各章節、條目及其內容的基礎上，把它分拆成4冊，方便讀者閱讀並咀嚼原味。我們也建議讀者閱讀第一冊的「前言」，那是篇不可多得的導文。

II

作者簡介

李乃義，1947 生，內地徙台的第一代臺灣人，1971 赴美留學後落戶加州，便也成為華人遷美的第一代美國人。先後在臺北建國中學、臺中東海大學、喬治亞州立大學、加州大學伯克萊分校學習，參加過海外保釣運動、做過上市的半導體晶圓代工公司老總。2007／2008 年曾在兩岸印行過《這才是你的世界》一書。

內容簡介

本書作者是現代典型的高科技華人，得力於現代網路，他得以用當下日益增長的「大數據」不斷地重新認識、講述歷史故事。因此，本書是罕見的、從人類走出非洲一直寫到今天的歷史讀物。

這本書不同於我們熟悉的任何史書內容。

作者沒有為一個朝代、一個人或者一個歷史事件說事，而是立足大數據、抓住每個朝代與社會的根本，「人」，這個因素，來重新為讀者解讀大歷史。

讀者們不妨跟隨作者的思緒、數據、以及陳述，重走一遍人類起源、直到成為「中國人」的歷程，並重新發現中國人、華人、甚至自己的故事。作者相信，本書對歷史的闡釋，更符合現今不斷增加的大量中外考古發現和史料考據。其獨到之處，令人嘆為觀止。

第四冊　目錄

本書系列共四冊，其他冊的目錄附如後：

第一冊：遠古至東周，神話與真象的分野

前言

第二冊：秦漢至南北朝，長城內的大一統面貌

第四章 **大一統的 秦、漢** 西元前202至西元220

      秦代　秦始皇　　西元前（221-207）　打造大一統
              楚漢相爭　西元前（206-202）

      漢代　西漢　西元前 202-西元 9　　夯實大一統
          新　　西元（9-23）　　　改革者：王莽
          東漢　西元（23-220）　　凝結漢式儒文化

      漢代的中國文化基調　　　　　小農經濟＋漢儒文化

第五章 **大混血的 魏、晉、南北朝** 西元（220-589）

  三國　曹**魏**（220-265）、東**吳**（229-280）、蜀**漢**（221-263）

  晉代　西**晉**（265-316）⟶ 華北：**十六國**（304-139）　五胡亂華
               ↘ 華南：**東晉**（317-120）　　偏安華南

  南北朝　西元（420-589）　　南北戰爭，混出新型「中國人」
    華北：　**北魏**（386-534）⟶ **東魏**（531-550）⟶ **北齊**（550-577）
               ↘ **西魏**（535-556）⟶ **北周**（557-581）⟶ 隋
    華南：　**宋**（420-479）⟶**齊**（179-502）⟶**梁**（502-557）⟶**陳**（557-589）

  新型中國人的中國文化　　摻進胡風與佛味的漢文化

X

第九章、 結晶化的 明、清

蒙元帝國，靜悄悄地將許多草原文化因素滲進中國文化裡，不僅只全球化的國際貿易。比如，元代施行的刑法，許多比中國歷代的還輕：

流放，基本取消，改為"發放原籍"，交地方官和鄉里"列管"。牢獄之外；傷害罪，須罰賠贍養費或喪葬費。偷盜罪，一般罰賠損失的兩倍。當然也有不公平的條款；地主虐待佃農，量刑就比一般農民犯同罪輕，明顯傾斜。

但，這些按照蒙古的判例法原則，所輯成的成文法規，形成明清律法一部分準則，不能不說，比秦漢以來的 "刑罰" 律法概念，更為 "先進" ，因為漢法的意識，始終是建立在針對小農經濟的統治上的，充滿國家機器的統治話語。而判例法則，自然少些 "法不責眾" 的 "人情" ，並且罰則的輕重，多少反映各個族群的習俗或民意所認定的 "公平" 。

又比如，文藝通俗化，題材、形式、表達，都比中國歷代更人性化：近代中國人的流行文化，比如，家喻戶曉的三國、水滸、西游、金瓶梅、警世通言、牡丹亭（昆曲）等等等等，通通都是明代作品。描繪平民生活，謳歌男女愛情，大眾化戲曲與小說，反射了草原對漢地文化的某種解放。

這些，都是全球化的蒙元帝國平臺，溝通了各地文明的結果。事實上，無論東方、西方，文明和血緣總是不斷混融。蒙元帝國，更是把各地文化，大攪拌了一下。西元 13 世紀之後，全球一開始通的當然是經濟，中國人的貨幣金融，以及，中國產品，大量流通到西方。西方的物產、金銀、宗教，也大量流通到東方。東西方社會的技藝、思想、審美，都因為交流而面臨極大的轉變。

一方面，城市化的 "經濟" ，工商、流通、貿易、文藝、時尚，不斷地改寫人類社會的 "權力制度" 軟體。對金權的追求，迅速取代，對政權的追求。

另一方面，蒙元帝國的一統中國、甚至世界，打破了東西方傳統文化的 "文明" 意識。面對難以理解的 "蒙古現象" ，西方人釋懷比較容易，不就是 "上帝之鞭" 或 "阿拉的旨意" 嘛。對 "一切皆有理" 的中國傳統思維而言，合理化蒙古現象並不容易。當時的元代理學，立即從單純理智的 "道問學" 、直接找解答，轉向為比較模糊的 "尊德性" 、訴求人性本源，曲折迂迴地尋求合情合理的釋懷。結果就是，16 世紀明代思想家，王陽明的 "格物致知" 的心學，以及，後來李贄的正面肯定 "人欲" 、強調 "百姓日用即道" 。那已經近於歐西文藝復興、追求個性釋

2

放的思想了；東西方人腦的反應，不謀而合。

但是，經濟畢竟是基礎建築。（宋人的貨幣金融＋蒙古人的全球化），直接刺激了那時人類的工商經濟。而宋元失敗的貨幣金融軟體，卻使得明代回歸小農經濟，很快，龐大的中國社會基層便凝結成一個碩大的晶體。歷史的偶然，又使得滿清入主中國，清朝不像元朝，不但沒有帶進什麼新鮮元素，反而出於統治的需要、更加力晶化中國社會。

於是，（小農經濟＋漢儒文化）把明清社會一鍋熬了，明清兩代，只好混同在這一章裡敘述。商業與金融曾經帶給宋元社會的風光，當然沒被遺忘，政權和金權的獲益者，大咧咧的在城鎮裡從事著交易、統治著鄉村、繼續著不可能協調的（儒＋商）的兩極化。

因緣際會使得蒙元啟動的全球化趨勢，除了明成祖之外，幾乎被明清的中國社會完全絕緣，接住這個全球化機遇的，反而是另一端的歐洲。但這就是歷史的演化…。或許李約瑟的大哉問"中國為什麼有科技而無科學？"，華人沉思之餘、也可以自問"為什麼是歐人發揚光大宋、元的絕活，而不是華人？"

《明代》　　西元 1368-1644

初期的明朝（1368-1424）　回歸小農經濟、重文輕武

（一）農民皇帝　明太祖朱元璋（1368-1398）在位，　回歸小農經濟

西元 1344 年黃河大改道，天災，曝露了元王朝統治體系的缺陷。實際，元代經常發生民變，漢地的蒙古人與色目人一樣也存在大量貧民、並也一樣淪為農奴或奴僕。

元末崩解的直接導火線，來自西元 1351 年的鈔變與治河。政府濫發鈔

票，結果鈔票成為廢紙，社會經濟退回史前時代，以物易物，民不聊生，加上，徵發十幾萬人整治黃河，官吏趁機斂財，安徽民間的白蓮教，聚眾起義，紅巾軍大造反，一發不可收拾。（白蓮教是隋唐之後的中國民間祕密結社，摻合佛教、摩尼教、道教，崇拜彌勒佛或西天光明佛。類似的變異有明教、一貫道、鴨蛋教等等）

這時候，歷史的偶然性，從赤貧的底層社會中，出現了中國史上第一個農民皇帝，朱元璋。他很努力地試著讓國家機器符合平民百姓的利益，結果，明王朝成為人性的大實驗室，留下許多不可思議的數據，包括，朱元璋本人的一生，以及，他對回歸農業經濟的嘗試。

西元 1344 年，朱元璋 16 歲，安徽大旱、蝗災、瘟疫，之後，黃河連年發大水，沖過大運河，河南以東一片汪洋。本來就是貧民的朱元璋，頓時成為孤兒，便投靠到附近的廟裡當個小和尚，不到兩個月，廟裡也沒得吃的，只好出走、乞討化緣，浪跡江湖 3 年，再回到家鄉的廟裡時，已經是個 20 歲的青年。日子混到 24 歲，已經參加紅巾軍的兒時玩伴**湯和**來信，讓他趕緊參軍鬧革命，人生就此展開新的一頁。

朱元璋當然不笨，而且挺大氣的，作戰勇敢、略通文墨、不貪利，很快成為頭頭的親軍，還嫁個義女給他，就是後來的**馬皇后**（大腳丫子的馬皇后，留下不小心"露出馬腳"的故事）。但，這幫紅巾軍，整天搞內鬥，不能成大事，於是，參軍不過 2 年的朱元璋，毅然帶上從小就是鐵杆子的**湯和、徐達**，才 24 號人馬，獨立打天下去。南下途中，招募人眾，擴編至 3 萬人，並收攏了**李擅長、胡惟庸**與**常遇春、藍玉**，收養了**朱文正、李文忠、沐英**為義子。西元 1356 年，打下南京城，4 年後得到**劉伯溫**（**劉基**）為參謀長、並收降**傅友德**。明朝開國元勳與將帥，大致到齊。。。

西元 1360 年那時，朱元璋在元末割據的軍閥中，排名算是老四。但他懂得運用劉伯溫的策略，以軍屯積糧、不擾民，先後各個擊破**陳友諒、張士誠**，隨後以民族主義的號召，西元 1368 在南京稱帝，並攻下

4

元大都（北京），覆滅元朝。

回頭收拾**明玉珍**割據的四川，然後花一生時間，8 次出長城北伐蒙古汗國，第 6 次是西元 1388 年，藍玉領軍打到貝加爾湖，俘虜整個蒙元王庭組織與 8 萬人眾，瓦解了忽必烈系黃金家族政權，此後，蒙古回復草原諸部狀態。

明王朝西元 1368 年開國，2 年後，中亞突厥化的蒙古**帖木兒汗國**也開國。朱元璋再次統一長城裡邊的中國的時候，帖木兒汗國正在統一其他蒙古汗國的過程中。退歸蒙古的蒙元帝國（史料稱為"北元"）、伊利汗國、欽察汗國，這些黃金家族王朝，跟帖木兒汗國之間，雖然都有蒙古淵源，但國家機器要擴張地盤，就是冤家了。

大致也就是西元 1388 年前後，明王朝遏制了北元、完全控制了陝甘青與新疆東南部，直接跟新疆西北的帖木兒汗國、新疆東部的蒙古汗國（北元）接壤，事情就多了。

大抵，朱元璋並不真正瞭解帖木兒汗國，或許還存在聯合中亞以壓制蒙古的主觀願望。朱元璋希望帖木兒汗國按朝貢的先例，跟明王朝結盟、遠交近攻、抑制蒙古草原。

帖木兒汗本人，略通漢語，但他是成吉思汗第二，那時候，中國已經在他的目標單上。"朝貢"，可以賺錢，因為使節團到中國的差旅費是明王朝掏腰包招待的，並且還可以刺探中國情報，於是，不管明王朝怎麼規定，帖木兒汗國相應不理，年年"納貢"，一次上千匹馬的互市，不當回事。

尤其是國書卑詞"稱臣"這件事，讓朱元璋皇帝大樂，樂到忘記帖木兒汗國也能跟蒙古結盟，事實上，帖木兒汗跟諸系黃金家族是通婚的。

西元 1397 年，朱元璋派出 1500 人的**傅安**使節團，出使帖木兒汗國。其時的帖木兒汗已經奄有蒙古 4 大汗國中的 3 個，並擴及北印度和土耳其，對自以為上朝天國的明朝使節，很麻利地處置：扣留，但派人陪傅安周遊帖木兒汗國，西至裏海、黑海、地中海，南至印度，一共花了 6 年時間。。。

有了這樣的親身經歷，傅安對當時中國之外的歐亞大陸的認識，肯定是中國人之最，超過蒙古汗國時代的中樞漢臣。

西元 1404 年冬，68 歲的帖木兒汗親征中國、中途病死，歷史的偶然，讓雙方避免了一次惡戰（老外史學者當然多看好帖木兒汗國會贏）。這時，明王朝已經是明成祖**朱棣**在位。

西元 1405 年（也是鄭和下西洋那年），傅安終於帶剩下的 1 千人馬回到北京，向朱棣皇帝的述職報告，留下西遊勝覽，失傳，文臣們做的序文倒流傳了下來。隨後，朱棣 5 次再派遣傅安通使中亞、西域諸國。

傅安任職外交部 31 年，9 年在西域、12 年在中亞以西，比漢代的蘇武還辛苦，傳統中國歷史記述居然沒有他的傳記。傅安年邁回國，申請退休，當時官僚作業認為：多年在外、無以考核、於法不合，一副不給退休金的架勢。幸好當時的皇帝（繼承朱棣的仁宗），還算有點腦袋，讓他衣錦還鄉。。。

朱棣相當有國際觀，定都北京，當然有內政方面的考量，但也有針對北方外患的清晰認識，京城中央軍與禁衛軍，向來最強，而且皇帝親掌，等於皇帝自己看守國門。朱棣的主力，神機營，實即火銃隊，朵顏三衛，更是地道的遼西蒙古騎兵。

他很幸運的避免了跟帖木兒汗直接交戰，但隨後立即夯實對松遼直至西伯利亞東部海岸的控制、設置了奴兒干都司（省級軍區），並進兵哈喇和林（一把火燒掉了），盡力壓縮蒙古可能擴張的空間。針對帖木兒汗國，除繼續陸路通使之外，更派遣**鄭和**下西洋，意圖打通海路，遠交歐、非。

但我們從**傅安**的遭遇（朱棣另外派遣通使中亞的外交使節，卻享受高規格的傳統歷史記述）、**鄭和**的遭遇，看到朱元璋父子兩代，以及他們之後的明王朝統治者，截然不同的意識與認知。而朱元璋厲行海禁，朱棣開禁，海洋此後關關開開，糾纏中國人至今。

元王朝的經驗，對朱棣之後的明王朝知識分子而言，似乎刻意忘掉，無視於已經日益增加的國際資訊、知識和商貿的交流量，大抵又回到自閉狀態。

統治者和統治階層，各自存在思理上的矛盾，現代回顧明王朝的事兒，有點說不清。所以，先說明朱元璋開國時期，明王朝存在的外部邊際條件，以便瞭解為什麼父子兩代皇帝，不斷北伐、外戰。實際，他們碰到類似漢武帝跟匈汗國之間的情況，終明之世，無以擺脫蒙古汗國的陰影。這樣，明清歷史的演化，便容易理清了。

而即便是朱棣，投射國力的方式，也有"中國式"自閉的影子：要求周邊國家："朝貢"。 兩宋的商業，中央財政目的性非常明確。明代的朝貢制度，當然不只滿足帝國的虛榮，但做為政治手段，實效近乎零，畢竟現實的部落或國家機器，豈能以中國式虛無縹緲的朝貢制度來維持和平？

鄭和的故事，廣為人知，明王朝展示武力，但實際卻試圖以經濟利益收買各國。

在東北亞，也上演類似的故事。明初，奴兒干都司轄下的黑龍江邊，經常招徠各個西伯利亞漁獵部落，甚至還有庫頁島來的小酋長們，各自歡天喜地的領回明王朝發放的絲帛瓷器等等，代價常常只是口頭承認中國霸權。以至於"蘇州織造"從庫頁島南流、被販賣到日本時，當時的日本人還以為北方另有一條西伯利亞絲路被悄悄地開通了。。。

等到中央財政不勝負荷了，文官集團便在鄭和死後，私匿船艦及航海圖紙，等於抹掉一切海洋知識，實行乾乾脆脆的"鎖國"。西方世界與現代華人，至今難以相信，世上真有這樣的事會發生。但的確發生在中國人的歷史上了。

圖源：維基百科，明成祖。作者：Jason22

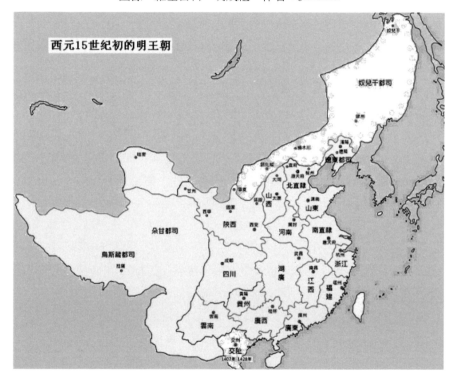

明朝統治階層主導的政府行為，似乎欠缺經濟意識，但統治階層的日常生活行為，以及城鎮民間活動，卻經濟意識高漲。人們從未忘記宋元時代經歷過的城鎮繁榮。大概這就是朱元璋殺不盡貪官的原因吧。經濟運作，是那時代全球性的新鮮事物。

朱元璋和馬皇后，夫妻倆，感情上，相當小農經濟意識：以很傳統的方式表達對鄉土、對農民的熱愛，偌大國家，就是擴大化的皇家一畝三分地。

朱元璋皇帝，非常痛恨貪官汙吏，非常尊重知識分子，情理糾結，相當複雜。

朱元璋皇帝沒少被"經濟問題"困擾，他回歸小農經濟，農民交稅直接交納糧帛。在朱元璋皇帝的一本賬上，經濟邏輯很單純：貪官的錢多了，平民百姓的錢就少了。

於是，嚴懲貪腐，殺無赦之外，經常剝皮、做成人皮燈籠，警示當官的知識分子。朱元璋 30 年任上，殺掉的貪官汙吏，達到近 10 萬數量級，包括，學官。晚年的朱元璋皇帝未免感嘆：為什麼貪官們前僕後繼，潛不畏死？貪腐，是人的本能？

朱元璋也沒少被"王權專制的國家機器"問題困擾。皇帝與士大夫共治天下，專制王權需要一幫統治階層來管治國家機器，這，他明白。

所以，明代科舉制度執行的也相當上軌道，但朱元璋不放心知識分子的心思（欲念），便進一步鉗制思想，規定只從四書五經裡出題，文章格式只限"八股文"。

但，分權終究跟分贓是一樣的道理，人人忠君愛國之餘，也要從王權裡榨出油水來，於是，對張揚跋扈的權臣、可能影響到皇家大權獨享的官員，羅織"造反"的罪名，大加殺戮，從心理上，血淋淋地震懾。

明初兩大案，胡惟庸案、藍玉案，一共收拾的文武體系，不下 7 萬人。馬皇后算是比較可以稍微制止朱元璋誅殺人的人，他們的長子（太子），偶爾勸勸老爸，皇帝說：我這是幫你把扎手的刺都拔掉了，不好嗎？

太子回答：有什麼樣的皇帝，就有什麼樣的臣民。。。

氣得朱元璋拿起椅子就甩過去。

不過，明太祖確實做到了傳統盛世帝王該做的事：**整頓吏治，與民休息。**

他自己帶頭節儉生活，降低稅賦，政府更從那時人口過剩的山西，組織數百萬移民，先後充實那時凋敝的黃淮流域（冀魯豫皖），並大舉興修水利（築湖堰、開水渠，為歷代之最）。

明太祖的農業政策很務實，農民分田、入戶籍，詳細規定栽植棉麻絲的畝數。此外，另有軍屯和商屯。邊地軍隊三分守城，七分屯田；內地軍隊二分守城，八分屯田。允許商人開發邊疆，投資、雇人屯田，就地交納糧稅。多管齊下，邊地軍糧基本上，相當自給自足。

朱元璋並不瞭解宋代經濟模式，他直覺地重農抑商、以糧為綱。

明代承襲許多元代政制，包括諸多戶籍的分類，但明太祖藉胡惟庸案，廢掉了傳統"宰相"這個位置，王權專制與中央集權，都達到歷代之最。

這樣的統治，需要精力十萬分旺盛並精神集中的帝王，才可維持絕對的控制。明朝後來，宮廷宦官、錦衣衛特務機構的擅權，都是明太祖自己種下的因緣。

他的後代可沒他那樣的精力與專注。

明太祖中期，民戶達到 1060 萬戶、約 6000 萬口。這個戶數幾乎貫穿明朝 276 年的統治，沒太大變化，官方統計數字甚至經常變少。二百多年不變，可能嗎？

上有政策，下有對策，不是錯漏，勾結少報。官權自欺，王權也自欺，有意思…。

實際人口總數，成為謎團，只能靠合理猜測。大抵從明初 6500 萬，膨脹至明末 1 億，西元 1620 年高峰時，應近於 1.5 億明人。

平行而可以佐證的數字，來自史料記載的墾田總數，西元 17 世紀，明代田畝達 780 萬頃，達到前此的歷代高峰，壯觀的雲貴梯田，完成於明代。

明太祖自有一套"公平"的法則，他藉"懲戒"張士誠故地為名，對江南富饒之地徵收特高稅賦，減稅 20%之後，蘇州一府每年仍需繳納近 300 萬石米糧（蘇州田畝只略大於全國的 1%），幾乎是明王朝全國糧稅的 10%。。。

　　（二）　明成祖**朱棣**（1402-1424）在位，　恢復文官統治

西元 1398 年，朱元璋去世。太子早死，21 歲的皇太孫繼位，即建文帝。

溫文儒雅的建文帝即位後，修改爺爺的策略，沒有恢復宰相制度，但擴大了文官統治，6 部尚書的權位開始超越將軍與督撫大員。當時的超級文官，包括帝師，**方孝孺**，學問是有的，管理則不靈。他們急於恢復類似兩宋文官集團的統治，取消對僧道的優惠（限制廟產，並一體交田稅），實施南北方一致的稅賦（南方入仕的知識分子占全國 75%，而江浙兩省更高達 50+%，稅率一致明顯有利南方地主，因為南方產值高），並且開始削藩。

姑且不論這些文官是不是有偏袒地方之類的私心、或者執行力能不能落實，建文帝政府的改革措施相當理想化，招來眾多既得利益的地方勢力、武人、佛道宗教中人的反對。

11

尤其是削藩。朱元璋治下的王族，諸皇子皇孫，藩兵多不過 1 萬 5 千，少的只有 3 千，造反其實是有困難的。西元 1399 年，當時的皇叔，燕王**朱棣**，勉強算得上是被逼反的，起兵造反的老本也不過區區 800 人馬，號召是"清君側"，因為建文帝"違背祖訓"。

朱元璋會讓朱棣鎮守北京，遏擋蒙古，功勞、經驗與能力，當然是驗證過的。

朱棣除了年輕時被開國文武大臣**李擅長**、**徐達**調教過之外，他還是徐達的女婿，並且身邊另有一個特殊人才，**姚廣孝**和尚，這是個跟<u>忽必烈</u>大汗身邊的<u>劉秉忠</u>和尚類似的人物。

兩宋中國人把儒釋道三教澈底合一以來，無論外表披著什麼衣裳的知識分子，入世濟民的孔儒思想，也結晶出諸如耶律楚材、姚廣孝這一類，文采飛揚、深研醫術（或其他術）、策略實在、禪機豐富，力足以出將入相的另類怪才。

人嘛，都有人情，各有習性的側重，朱熹、方孝孺是老師，要講理學、氣節；耶律楚材更喜歡道家的話語；姚廣孝、劉秉忠是和尚，就多些禪理嘍。實際的管理能力，又是另外一門智慧，看個人的經驗積累與境遇。但這些大抵都是具備儒家的政治熱情、想要實現理想的、有所抱負的知識分子。

姚廣孝 48 歲那年才跟 23 歲的朱棣結緣，此後成為朱棣唯一的朋友、最主要的幕僚長、兼助手。明王朝的轉捩點，燕王朱棣造反、奪位，"靖難之役"內戰四年，鼓動、策劃、執行，姚廣孝通通有份，內戰開始時他已經 64 歲。而朱棣也奇跡般的，經常逢凶化吉，就這樣"偶然"地攻佔明王庭，西元 1403 年，43 歲的朱棣成為皇帝，明成祖。

南京城被攻佔後，內戰結束，建文帝死於宮廷大火。朱棣試圖淹沒一切建文帝的痕跡，當作是繼承老爸朱元璋的帝位。當然，野史八卦就多了去。那時，68 歲的姚廣孝和尚建議明成祖不要殺方孝孺，大概預料到典型的儒家知識分子會大力反彈。但被方孝孺激得盛怒的朱棣，大開殺戒，夷 10 族，傳統九族之外，連門生、故舊一起算上，成千上萬人頭落地。這樣的殘暴，竟然激發士人風骨，不少知識分子寧死不當明成祖的臣民，謊稱是方孝孺的學生，自願黏上斷頭臺。。。

在明王朝這種情況下，西元 1404 年，68 歲的帖木兒汗，親征中國，病死在伊犁附近，帖木兒汗國迅即陷入爭奪汗位的內戰中。朱棣則從容地夯實了對中國的統治。隨後，帖木兒汗國釋回 7 年前出國的傅安使節團，傅安的報告，加上朱棣自己也有蒙古部隊，他對西方資訊的掌握，遠超過老爸明太祖。於是，明成祖決心理順明王朝的國際關係。

西元 1405-1421 年，明成祖派三寶太監，**鄭和**，率 2 萬 7 千人、240 艘船的龐大船隊，從長江口出發，六次下西洋，遠達東非，展示明王朝是繼元王朝之後的東亞霸權，當然也想繞到帖木兒汗國的西端找尋盟國。實際，明代的大航海，不只於向南向西；另有一支從松花江口出發的船隊，向北向東。而北美洲東西兩岸的證據似乎顯示：中國人早已登陸。

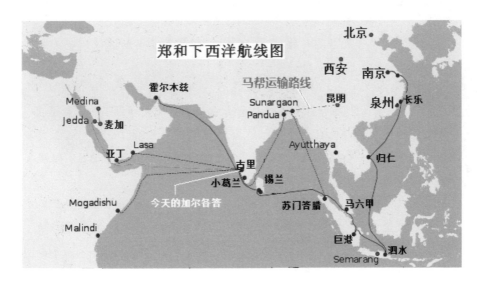

當時的埃及是馬木留克王朝，馬木留克（馬木魯克、馬穆魯克、馬木路克等漢譯）原先是埃及從欽察汗國雇傭過去的突厥奴隸兵團。旭烈兀汗的蒙古鐵騎打到中東時，蒙哥汗死訊傳到，旭烈兀立即率主力部隊掉頭東歸、參加庫里爾台大會，丟下一支正往埃及進軍的萬把人蒙古騎兵，他們在西奈半島被馬木留克軍全殲，馬木留克軍成為西方第一個打破"蒙古不敗"神話的部隊，回到埃及，奴隸傭兵奪權，馬木留克變成埃及與紅海地區的新主人。早先對東亞蒙古的敵對意識，使得馬木留克王朝拒絕鄭和船隊進入紅海（當然嘍，西方人很難分辨黃種人之間有啥不同，反過來也一樣的）。

鄭和船隊始終進不了波斯灣、紅海，自然也就抵達不了地中海。找不到西方盟國，明成祖只得另外想辦法折服帖木兒汗國集團。

西元 15 世紀初，東方進入第三次大航海時代（算起來，伊朗人和阿拉伯伊斯蘭帝國人先後在漢、唐時期早已打通印度洋航向東南亞和中國，所以，鄭和是"第三次"），同世紀末，歐西進入第一次大航海時代（哥倫布）。但，這些記載都有東西方各自的"政治話語"，尤其是"哥倫布發現美洲"。

事實是，棕標智人沿海岸線，近海漂浮，6 萬年前早就擴散到亞、澳。3 萬年之前更早已落戶美洲。

3 至 1 千年前，東亞南島系族群也真正航海，遍及大洋洲、直達夏威夷。而北歐的維京族群也在千年前，航海到達北美洲。事實也是，儘管萬年前的現今美洲"印第安人"的先民不是航海過到美洲落戶的，"發現美洲"這樣的話語，無疑相當自大，無聊。

美洲人雖然被後來居上的近代歐洲人征服，但他們開發的各種薯類（馬鈴薯、甘薯等）、玉米、南瓜、花生、可哥、棉花、辣椒等等農作物，卻對人類貢獻巨大。15 世紀東西方大航海後，美洲農作物傳入航線上的西非、印度、東南亞與中國。對土壤要求相對較低的蕃薯和玉米，可以利用山坡地種植，成為明清兩代中國人的口糧成分，墾田面積大大增加。這些農業經濟的增長，無疑成為晚明王朝的基礎。（但這形成另外一個問題，坡地開發為農地，人口膨脹加速、自然生態破壞加劇、水土保持失衡，此後的天災，頻率更快、規模更大…）

因為顯然辣椒很早就傳入川滇黔與越南，並且北美西部在哥倫布之前已有蒙古草原的馬種，現代的香港生化學者李兆良據此提出論述，認為必然是鄭和船隊通美洲的結果…，足以跟近代西方的政治話語 PK 一下。

西元 1418 年，明王朝通使中亞示好，2 年後，中亞、西亞 27 國組織 600 人的龐大使節團隨中國使團回訪。明成祖派遣 6000 精騎到嘉峪關迎接，並護送他們順便沿途 "參觀" 明王朝九邊軍鎮。被訪的軍鎮派出部隊裡的蒙、回族裔軍官接待，特意展示軍鎮軍力，並介紹明王朝的民族平等政策，打破中國虐待蒙、回的謠言（跟現代美軍開放航母給人參觀，是一個意思）。之後，明成祖在北京皇宮接見使節團。但帖木兒汗國使節團領頭的正、副使分別是帖木兒汗國的丞相與大將，以 "我國向無此俗" 為由，拒絕跪拜，只行鞠躬禮。（其實，他們的級別，在其本國君主面前，是免行跪拜禮的）

這個外交禮儀風波之後，明成祖先是安排使節團到中原和江南旅遊，包括名勝古跡與繁華都會。然後，邀請使節團觀賞明朝皇帝在北京周邊的大規模 "狩獵"。

西元 1421 年，操各地方言的 10 萬明軍，盔甲鮮明、陣列整齊地演出了長達一個月的 "狩獵"，神機營亮出各式火器，各國使節大開眼界、也大為震驚。這些高科技武器，包括步騎兵專用的火銃、火炮、"一窩蜂"（火箭炮）、"火龍車"（火焰噴射器）、"安南銃"（抬槍）等等。

以狩獵為名的 "演習" 結束後，明成祖就近在土木堡行營（今張家口附近）接見各國使節，帖木兒汗國使節團帶頭跪拜，明成祖寫了封信給帖木兒汗國君主，表示 "願兩國臣民永享太平安樂之福"。這次閱兵的相關記載，也見於中亞各國典籍，跟隨過帖木兒汗本人的副使更在回憶錄裡聲稱：我不得不承認，大帝（帖木兒汗）死在東征的路上是一件幸運的事情，這使他保全了一生的英名…。

明成祖打時間差，花 17 年，折服中亞。蒙古汗國被孤立在蒙古草原上。此後，中亞、西亞諸國與中國的關係，一直維持到明末。光帖木兒汗國，向中國遣使的次數就達 60 次之多。而使節團回國後，埃及便解除了東方商船禁入紅海的禁令。

在位 21 年的明成祖朱棣，死於西元 1424 年第五次親征蒙古，7 年後，西元 1431 年，**鄭和**第七次、也是最後一次下西洋，終於抵達阿拉伯半島南岸的<u>阿丹國</u>（亞丁，今<u>葉門</u>），他派出一支分隊，進入紅海的阿拉伯<u>吉達港</u>，一組中國穆斯林代表，前往<u>麥加</u>朝拜。2 年後，62 歲的鄭和病逝於回航途中。現代學者發現，歷次遠航，中國人到達美洲。。。

在明成祖任上，繼續了短暫的建文帝的改革：文官統治，以及，削藩。

朱棣很理智地看到，王權獨攬、但確實需要幫手，便以稍微低階的官位，在六部尚書之上，設置**內閣**，等於有好幾個副總理，但沒有設總理。實際，後來發展為有個形同首相的內閣**首輔**。這比單一宰相，更具效率，並且兼具制衡作用，對王權的威脅也較少。明清兩代的文官體制，就此大致確立。

於是，明王朝回到文官集團統治的局面，明成祖死後，不多時，武官便成為文官的附屬，地方文官甚至差遣衛所軍士當雜役使用。將官到兵部辦事，常常要跪等部科文官。。。

總之，明朝中期之後，中國人回復到兩宋重文輕武狀態，才會發生鄭和死後不過 40 年，兵部文官竟可以憑一己的定見，藏匿圖冊，終至海圖、方輿圖、造船圖等消失無蹤。真正聞所未聞，駭人聽聞，如同一個團長擦槍走火、激發世界大戰、決定了億萬人的存亡，一樣荒唐。

朱棣一當上皇帝就任命**解縉、姚廣孝**等知識分子，編纂"永樂大典"，是當時世界最大的百科全書。可惜只約 4%左右倖存至今。

明成祖死後，大致 10 年左右，小農意識的文官們都不願意經營偏遠地區吧，省級的奴兒干都司、交趾布政司、哈密衛，全撤了（藏地的都司，因本來就是羈縻性質的世襲，沿續了下去）。情況跟兩宋類似，但這次內縮比宋代更主動，是小農經濟意識的文官集團的集體意志的高度發揮，或許也是看透了"財富"大抵都不是實用之物吧。

從數據看，明太祖、明成祖，朱元璋、朱棣，明初父子兩代皇帝，56年間，北伐蒙古共 13 次。這個數據本身已經說明，諸部蒙古依然是草原上的強權，不然，以帖木兒汗國之強，早已進入蒙古草原，用不著通婚了。

我們可以從一些細微的地方，看到明王朝在明成祖之前與之後的變化：就是要跟元不一樣！

元青花　　明青花　　著色陰陽反差

朱元璋父子一開國就鐵了心，跟蒙古對著幹，除了打仗，和親、歲賜，通通免談。到朱棣時，草原黃金家族已經分裂成 3 大部，**韃靼**（蒙中）、**瓦剌**（蒙西）、**兀良哈**（蒙東）。其中，兀良哈成為明王朝的蒙古聯盟與傭兵，所謂的<u>關寧鐵騎</u>或<u>朵顏三衛</u>的來源。韃靼、瓦剌先後統一大漠南北，成為明王朝的勁敵。瓦剌部更一度擴及中亞，延續到清王朝，成為康熙皇帝打擊的對象，**準格爾**。

朱棣親征蒙古 5 次，打到韃靼稱臣（但瓦剌又趁機做大），皇帝親征，率領的部隊並非全部騎兵、也沒有數量優勢。朱棣的自信和勇氣，都是歷代帝王之最。

他們父子的意識、意志、行為，完全主動、"操之在我"。
由於朱元璋、朱棣父子倆的精力旺盛，中國的王權專制，在他們任上登峰造極。

中期的明朝（1424-1521） 小農經濟的鄉村與商業化的城鎮

從稅賦看，明代中國人的負擔似乎不重。明初"重本抑末"，農業技術有所增進，南方已經一年三作，兩宋時代的"蘇常熟，天下足"，明清時代變成"兩湖熟，天下足"，湖南大米運銷各地，促進了各地農業與商業的分工，而明太祖徵收糧帛實物，稅率僅只 10%左右。明成祖定都北京，物資長程北運，刺激得漕運發達，河岸城市，車水馬龍，各種商業、服務業鼎盛。

從常備軍的數量看，明初軍戶近 300 萬，明中期達到 400 萬，這是全國的總兵力。軍戶，跟元代一樣，世襲的兵籍，不讓轉業，但又不見得專業。國家機器有 3、4 百萬軍戶，大致每戶一丁服兵役，也就有大量常備軍。但，軍戶 70%以上時間處於半農奴狀態，從事軍屯，以便部隊自給自足。徵用的軍糧，大抵真是歷代最低的。

朱元璋常自誇：我養兵，不費老百姓一粒米糧。

然而，明初面對的外部競爭環境，要求軍隊具備相當的戰鬥力。於是，朱元璋父子很認真地裝備起明的部隊。大致的標準編制是 5000 人的"營"（近於現代的旅），每營有 8%炮兵、20%騎兵、72%步兵，火器配

18

備率高達 50+%。

軍事科技和裝備的先進，一直是明初能夠頂住外部強權的主要因素，但龐大數量的馬匹與火器的維持，就一直成為明王朝中央財政的重擔，因為，裝備的供應，要用銀子置辦，糧帛實物稅，不能解決問題。這就牽涉到經濟、貨幣、吏治…，老百姓的負擔來自實物稅之外的銀錢徵收，尤其是規費潛規則的源頭：**吏治**。

明成祖之後，內地各衛所的軍戶淪落為賤民，吃空餉、爛設備，就不說了。

但面對蒙古的餘威，中央軍與九邊軍鎮，至少有 100 萬大軍必須保持在明初部隊 70%以上的戰鬥力，大明帝國才差堪維持。在這罩門上，文官集團也大致明白、配合。只不過，恢復文官統治之後，統帥位置多半是中央政府臨時派來的文官擔任，軍隊是職業化了，但沒有專業化。不但指揮系統沒專業化，連明初的"高科技"火器優勢，明中期以後，也很快被外部追上、甚至超越。

原因很簡單：軍戶，沒有創新的動力，寧可去當民間的佃農或給匠戶打工，都比軍屯的待遇好些。明初軍戶的臨戰經驗，既乏傳承，就更談不上跟後勤供應的匠戶合作、聯合操作武器技術的縱深開發，何況武器供應體系還存在官商勾結的貪腐問題。

也許人們不能怪兵部有良心的文官要藏匿圖紙檔案數據，因為，兵部完全知道，戰鬥力，打的是銀子，而中央財政缺銀子，並且，小農經濟社會，對"術"並不敏感。高層要調研數據，就是要有所動作嘍，中央每收進 1 錢，平民出的是 2 錢，吏治收刮唄。何況，打仗還得死很多人。。。

明軍能打嗎？全看指揮官行不行、看指揮的是"正規軍"（邊軍）還是"雜牌軍"（衛所）。明初之後，文官上陣指揮戰役，經驗就矮了一截。如果領的是衛所士卒，結局已可預料。傳統歷史記述相當凸出明初名將的案例，但朱棣死後，更多的是敵軍如入無人之境。

朱元璋看出歷代王權交替的麻煩，堅持立下嫡長子接班的規矩，以減少皇家內爭，為此還直接讓嫡長皇孫接他的班。但專制王權的誘惑實在太大，朱棣本人立刻破壞了老爸的規矩，不惜打幾年內戰，奪權。

朱棣的嫡長子是個讀書人，經常在朱棣出征的時候，給他看家、管治後方，井井有條，很受文官集團的愛戴，可以說，滿朝文官都是"太子黨"。

朱棣比較更像個武人，但最終權衡形勢，還是指定了嫡長子為太子。太子繼位後，皇帝只當了 1 年不到就死了，但傳統歷史記述把他供奉的很好，諡號是"仁宗"，主要是他平反了朱棣奪權的內戰時期的諸多冤案，確定了內閣體制、全面恢復了文官統治，並且為了平衡南北漢人，規定科舉進士名額為南方 60%、北方 40%，從此成為明清定制。

接下來是仁宗的嫡長子宣德皇帝繼位，此後的明王朝皇帝，在王權絕對的氛圍中，"與士大夫共治天下"。

文官統治集團裡的知識分子們，展現出各種各樣、奇奇怪怪的、"以天下為己任"的複雜情結，他們以小農經濟的意識，變通地管治著元代留下來的軍戶、民戶、匠戶…，努力地以商業利益刺激，調動各種戶籍人口的積極性和創造性。

比如，明初匠戶需要服役，服役期間，政府只給基本工資，匠戶要放下手邊的生計、長途跋涉前往服役地點，自然消極怠工，效率差到不行，於是，改成折銀代役、政府就地雇工完成項目。這"方便"，非同小可，大家都有利。

明代中國人，就在〈小農＋商業〉"雙軌制"經濟中，尋求生存與平衡。小農的鄉村與商業的城鎮，被統治階層運作的像似兩個根本不同的世界。城鄉兩極化，認知畸形、繁榮畸形、道德畸形、行為畸形。

"畸形"是形容沒有一個"一致貫穿的誠信機制"，無法將各種習性與教化連貫出理性上和情性上相容的邏輯，難以深化人性的智慧。

朱元璋開國時，元王朝並沒留下什麼銅錢，他也只好印發"大明寶鈔"，無本生意嘛，當然是濫發。宣德繼位才三年，西元 1428 年，停止發鈔，因為貶值到面值的 0.1-0.01%。但中國缺乏貴金屬資源，政府鑄銅錢，立即引來私鑄，因為私鑄的利益高達 100%以上。

人類自有交易和掠奪開始，"財富"的定義，絕大多數是奢侈品。東西方貿易，長期流通交換彼此的奢侈品，中國出口絲綢、瓷器、茶葉，進口香料、金銀珠寶，但嚴禁貴金屬流出，有進無出，便逐漸積累了驚人數量的銀子。

鈔票失去信用、無法流通之後，明王朝只好實施銅銀雙本位的貨幣制度，兩種貨幣的轉換"匯率"，自然是隨著市場機制浮動，即使是現代的財經管理，都難以駕馭，何況明代中國人還是"第一個吃螃蟹的人"，就此煩擾中國社會到清王朝結束。

宋元以來的貨幣經濟，中國人以國家機器的意志和數量級，給全世界開了路。由於政府官僚沒有專業的"術"，只能放任民間自由發展，於是銅銀資源兩缺的中國，竟漸漸成為"中央財政銀本位、民間交易要銅錢"的國家。

明清案例，依然是現代經濟學的重要數據庫。

（明代後來的海禁，自毀海軍後是很虛的，海岸線這麼長，比長城還難看管，加上官商勾結，走私，幾近於自由貿易的環境。最終，西元 16-17 世紀，每年流入中國的日本和美洲銀兩，是以百噸的數量級計算的。先後流入中國的白銀，達到萬噸數量級）

鹽、茶、金銀銅礦等，不用說，是國家資本的專營專利項目，流行各種
"引"（特許狀）。此外，便幾乎沒有商稅的概念，明初連海關稅也沒
有。官吏對平民的盤剝，主要來自徵"役"，運輸、公共工程、匠作等
等對老百姓不便的勞役，讓老百姓塞錢買個方便。

文官統治集團的文宣，強調"道德"，"不言利"、也"不與民爭利"。

實際是，文官控制、不讓國家資本進入專賣以外的行當，以便官與商另
行勾結、圖私利。結果：明代社會，工商自由的程度，比兩宋還要寬鬆，
民間分化為兩極，鄉村是小農經濟，城鎮是工商經濟。而工商的目的，
純粹賺錢。（宋代工商，有政府財稅目的）

中央財政，糧帛實物稅充裕，但銀錢收入不過百萬兩的數量級。

朱元璋"藏富於民"的理念，倒真實地實現了。至少城鎮是繁榮興旺
的。皇家富、官僚富、城鎮小市民富、農民則看具體管治他們的官吏貪
心的程度。。。

明王朝有個真正的窮人：政府。
公共事務，比如，賑災、戰爭等等，大半靠臨時徵稅，正是官吏最歡迎
的方式，可以時不時借機浮加取利。。。現代中國人沒有公德心，源於
明代。

知識分子的小農習性、漢儒文化教育出的泛道德與不專業，使得文官統
治集團沒有"術"的專業意識。在施行管治權力的時候，他們是王權的
代表，要求平民"忠誠"。在分攤義務的時候，他們是資產私有的代表，
要求王權與政府"不與民爭利"。

明代社會，興許是人類史上，大規模自由資本主義試煉的首例。
現代中國人很難想像明朝社會，實際，清朝社會也差不大多。

明代的繁榮，可以從當時景德鎮的陶瓷業看出端倪。當然有沿襲宋元的官窯，規模完善，但"不與民爭利"，供應皇家而已，成為納稅人供養的工藝研究所，開發出來的技術則成為工匠們的"私有技術"，自由擴散。民間自然跟上大量民窯，上萬家作坊，反映了內外銷的火熱狀態。海洋絲路上的各國，以及沉船，充斥明代瓷器。

各地的印刷和造紙作坊，規模也相當大，千人以上的紙廠不下三十家，生產各類紙張。印刷業更創新到銅、鉛活字印刷，彩色套印和線裝書一一出現，使得官方和民間藏書興盛。

發達的商品經濟，使明代中期以後的城鎮呈現截然不同於鄉村的面貌。水滸傳、金瓶梅等小說，實際反映的是明代中國城市社會景象，茶樓酒館成為主要休閒場所，連帶家具、園林、旅遊都成為明代現象。

傳統孔儒文化與重商文化的矛盾，當然也反映在女性的纏足、貞節牌坊、才女的數量。明代出頭的才女很多。。。很矛盾。

總之，典型的"明朝"跟明初，形同兩個世界，雖然政治話語依然沿襲明太祖的諸多"祖制"，但奢侈浮華取代勤儉持家的時間超過 200 年。這在宣德任上，就已經大致如此。

給窘困的明代中央政府財政雪上加霜的是，小農意識的皇家，打小算盤，成天將國庫銀子往皇帝內庫搬，以至於亡國的時候，內庫金銀堆積如山。

朱元璋的嫡長子不幸說中了：有什麼樣的皇帝，就有什麼樣的臣民。
用現代白話文：有什麼政府，就有什麼人民。辯證的。
（比如，濫發鈔票的結果，許多商業稅所收進來的鈔票，貶值到等於沒有商業稅收，明代中國，有很長一段時間，乾脆取消商業稅，全中國跟"自由貿易"免稅區差不多。當然，中國式的"自由貿易"有個潛規則稅項：吏治制度性貪腐下的各種規費）

宣德皇帝也只在位 10 年就死了，8 歲的兒子繼位，歷史的機率，再次將王權專制的負面展現：宮廷政治嘛，皇家最熟悉、信賴的，莫過於身邊的近侍，太監，宦官開始擅權。結果：14 年後，蒙古瓦剌部首領，<u>**也先**</u>，從西北擴張到東北，在<u>土木堡</u>俘虜了親征的明王朝皇帝，並進而圍困北京城。明王朝當時的兵部侍郎（國防部副部長），**于謙**，當機立斷，立刻擁立皇帝的弟弟即位為新皇帝，堅守京城、拒絕談判，<u>也先</u>拿這位集能幹、剛直、廉潔、忠誠於一身的于謙，一點沒辦法。

<u>也先</u>挾大明皇帝為人質，竟然沒撈到好處，又打不下北京，真正哭笑不得，只好退兵。人情是很微妙的東西，<u>也先</u>俘虜了明朝皇帝，勒不到贖金不說，還得伺候供養著這位俘來的皇帝爺，可是<u>也先</u>似乎跟這位皇帝爺有緣，就是狠不下心殺掉。

一年後，蒙古人受不了啦，跟北京商量，要送回皇帝…。這下，新皇帝不幹了，**于謙**再次發揮作用，說服新皇帝把哥哥皇帝接回來。但新皇帝當然立馬將哥哥皇帝軟禁起來，這弟兄兩個皇帝，攪渾了明王朝政局。

新皇帝坐了 7 年帝位，始終重用于謙，文官集團的毛病也再次展現：分幫結派，妒忌、反對于謙的諸多變革。新皇帝病死前，于謙的反對派發動政變，哥哥皇帝再次即位。于謙很快被殺了，錦衣衛抄家時駭然發現，于謙是兩袖清風的清官一個…。

歷史似乎開了一個大玩笑，實際，王權專制或文官統治或任何制度，自然存在著各種正面、負面的機率。（王權專制＋文官集團＋人性）的演化結果，明代的"特例"相當多。

復位的皇帝也只再當了 7 年，死後，<u>成化皇帝</u>繼位，是個飽經波折、心理不健康的、口給的長子，雖然平反了**于謙**，但黏戀一個足可當他母親的女人、寵信宦官、設置皇莊、皇家帶頭兼併土地，足足亂整 23 年。

西元 1487 年，帝位傳到<u>弘治皇帝</u>，歷史的機率，又輪迴到王權專制的正面：弘治儉約、減稅、節制宦官、任用賢能。政治清明了 18 年。

西元 1505 年繼位的是個頑童皇帝，正德，整天要人陪著嬉戲玩樂，終於內反（各地造反，包括宗室寧王）、外犯（這時漠南蒙古被黃金家族達延汗統一，號稱"小王子"）。但他荒唐到要王守仁（王陽明），把已經俘獲的寧王送到南京，讓頑童皇帝過過"親征"、"俘虜敵酋"的癮。

西元 1521 年，頑童皇帝正德玩完親征遊戲，在北歸途中，貪玩、掉進水裡、染病，回到北京，病死。由於沒有子嗣，內閣大臣們按明太祖的規定的"祖訓"，從弘治的孫子中迎立 14 歲的朱厚熜繼位，就是在位 45 年的嘉靖皇帝。歷史的偶然，讓基本上是個湖北人的嘉靖皇帝繼了位。那時的全球海平面上，已開始上演揚帆的"蠻族入侵"了。

歐洲的啟蒙與覺醒　西元 14-17 世紀

歐西進入海洋時代，雖然直接是利欲驅動，但當然也有歷史的醞釀過程。

遠的：自從西元 5 世紀"蠻族入侵"之後，包括日爾曼等諸部蠻族，滅了羅馬帝國。蠻族卻落地生根，接受了（"希臘"羅馬文化＋耶穌教），融混成新型歐洲人。歐洲的緯度和地貌，使得他們半農半牧、保留了游牧諸部的習性，大小諸侯競爭地盤，形成"戰國時代"似的風貌，就此演化到今日，成為歐洲常態。

近的：西元 7 世紀之後，跟歐洲接壤的西亞地區，是新興的伊斯蘭世界。為此，西元 11-13 世紀的天主教會慫恿歐洲列國發動宗教戰爭，十字軍東征，但騎士們或農奴們更樂於到地中海東岸劫掠。實際，天主教會也進行其他向東的接觸活動。除了金銀珠寶之外，這些活動帶回去 3 件意想不到的戰利品，① 伊斯蘭世界典藏的古籍和文物（但十字軍劫掠伊斯坦堡時，那時伊斯坦堡仍是東羅馬帝國的首都，屬於耶穌教的希臘東正教、而非伊斯蘭世界），許多號稱是 "希臘古籍" 的阿拉伯文譯本（完全不能排除其中不少義大利人自己仿古的 "創作" ），但讓歐洲人重新認識了 "希臘" 古文明（严格说，是安納托利亞、兩河文明），② 黑死病，鼠疫，在西元 14 世紀末期，幾乎掃滅 1/3 到 1/2 歐洲人口，③ 跟蒙古汗國的直接接觸，以及， 中國事物的資訊。

靠東方商路發財的眾多義大利城邦，原本文化就高於歐陸內地。十字軍殘酷無情的劫掠，"希臘" 羅馬古文明的再認識，大瘟疫的慘烈，促成西元 14-16 世紀北義大利的文藝，回歸人性面貌，促成 **文藝復興**（按字面直譯應該是 **"啟蒙"** ），整個歐洲湧現大批文學、美術、建築的新風格。西元 16-17 世紀，文藝復興更深化為理性復甦，歐陸內地開始了脫離天主教的控制、進行宗教改革，同時湧現大量數學、物理、生理、心理等科學知識。這時，經由蒙古的征服，造紙、印刷、指南針、火藥等中國技藝，都已傳入歐洲，對東方財富的誘惑，開啟了大航海時代。

海權時代的來臨，成為歐洲覺醒的第一個烙印。

前此五千年來，智人社會利用畜力驅動的草原游牧機動優勢，很快就被風力與洋流驅動的海洋機動取代。再加上 18 世紀蒸汽機的發明，智人開始以大自然的能源（那時是煤）轉換為機械動力，大海就此成為人類的全新疆域，並且是個幾乎沒有障礙的疆域。

當時歐洲邊緣的西班牙、葡萄牙、荷蘭、英國等大西洋沿岸國家，依次崛起。

西元 1492 年，哥倫布登陸美洲，同年，伊斯蘭教摩爾帝國失去在西班牙的最後一個據點。西班牙、葡萄牙同時航向美洲、亞洲，建立海洋霸權。西元 16 世紀末，被英國小海盜戰術挑得暴怒的西班牙，經歷了一場悲慘的英西海戰大敗，漸漸失去海洋霸權。而西元 17 世紀中葉才脫離西班牙獨立的荷蘭，立刻成為繼西班牙之後的海洋殖民霸權。

工業革命，歐洲覺醒的第二個烙印，隨後出現。科學的文明，成為繼農業的文明之後，人類的最大事件。人史悄然拐了個大彎。

歐洲大航海時代開始　　西元 1492 年（明弘治五年）

西元 1492-1504 年，義大利人哥倫布受西班牙政府資助，4 次遠航到達中、南美洲。

時代背景：
西元 1453 年，繼<u>帖木兒汗國</u>之後的西亞強權，<u>奧斯曼土耳其帝國</u>滅掉了東羅馬帝國（拜占庭），掐住了歐西通往東亞的商路。開闢大西洋西岸直通東亞的航線、繞過伊斯蘭仲介、直接獲取財富，成為當時歐洲國家和探險家們的夢想。

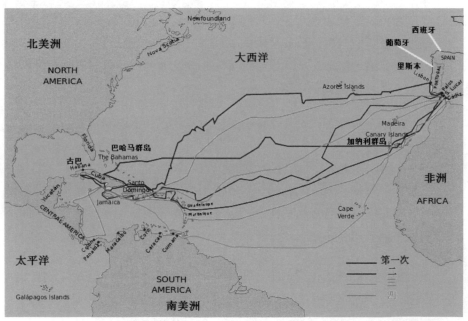

圖源：維基百科，克里斯多夫·哥倫布。作者：Phirosiberia

西班牙人隨後殖民中南美洲，先後滅掉<u>印加</u>、<u>阿茲特克</u>、<u>瑪雅</u>等當地國家，掠奪資源。西班牙人傳來美洲原來沒有的天花，原住民無力抵擋新來的病毒，幾近滅絕。

西元 1500 年，葡萄牙人也到達了南美洲的巴西。

而正當明嘉靖接班之時：
西元 1519-1522 年，葡萄牙人麥哲倫也受西班牙政府資助，船隊向西航行 3 年，繞過南美洲、進入太平洋海域，經過菲律賓、印尼，橫渡印度洋，經南非回到西班牙。麥哲倫死在菲律賓，但船隊最終證明了地球是圓的，並且打通了美洲、亞洲之間的商路。

晚期的明朝（1521-1644）　　（王權＋小農）晶體上的 "自由經濟"

嘉靖繼位的故事，幾乎是春秋時期晉國統治集團迎立 14 歲的晉悼公的翻版。當年迎立晉悼公的晉國大臣們，被少年晉悼公質詢：如果只是要我回去當個傀儡君王，我是不稀罕的，要幹嘛，就是真王，你們就得聽命，不然趁早找個聽你們的…。

少年嘉靖帝到了北京城外，也要大臣們先按禮制安置了他，才肯進城當皇帝…。

但晉悼公延續了晉國的霸業，而嘉靖卻搞砸了明王朝：王權和官權的矛盾，立即在一件皇帝的家務事上碰撞了；嘉靖要追封生父為皇帝，而不僅只是繼承頑童皇帝。

皇帝和大臣們竟然在 "禮制" 問題拗上了，最終，當然是握有太監、錦衣衛、以及永遠存在的文官派系的王權戰勝，內閣首輔被迫退休。

首輔的兒子，楊慎，是當時有名的菁英，很能代表明代知識分子在管治上的無奈。知識分子只能將自己的智慧，披上祖訓或儒家思想的大衣，以為可以泛道德地框住王權、造福已經相當商業化的社會，結局是屢遭下放的楊慎留下感慨，成為三國演義的開篇詞：

滾滾長江東逝水，浪花淘盡英雄。是非成敗轉頭空，青山依舊在，幾度夕陽紅。

白髮漁樵江渚上，慣看秋月春風。一壺濁酒喜相逢，古今多少事，都付笑談中。

明王朝的文官體系，比春秋時代複雜多了。當時的知識分子，已經在王權絕對的氛圍下，適應了 150 年，見識過了方孝孺、于謙等的被殺，也經歷過了多次貪腐文官和太監的專權，似乎摸索出一套制衡王權的辦法：要求大家都死死地按祖訓或儒家道德的遊戲規則行事，減少彼此的摩擦。雖然也產出像于謙、王陽明那樣有作為的知識分子，但（不重術的漢儒文化＋王權專制）的弊病，在嘉靖任上大爆發。

王陽明，是史上極少數文武全才的知識分子。

他 27 歲才考上進士，到工部做官。頑童皇帝即位那年，王陽明 34 歲，因反對權宦，被廷杖、謫貶到當時還不開化的貴州龍場驛，一待 4 年，受到連言語都不通的土酋的照顧，感悟出一些人生哲理，從此宣揚格物致知與知行合一的"心學"，成為一代大儒。這個南方漢人，少年時在北京成長，居然也精通騎射、兵法，兼具南北漢人之長。

西元 1516 年，他 44 歲，出任江西巡撫，明王朝治下的諸部西南夷造反，王陽明上馬統軍、下馬治民，平定江西。西元 1519 年，進軍閩西途中，南昌寧王叛亂的消息傳到，兵貴神速的王陽明，立馬掉頭迎戰、生俘寧王，也就半年多時間，平定叛亂時，明王朝從各地徵集的大軍都還沒到位，這才有正德皇帝趁機要玩親征的戲碼，沒有危險了嘛。

大有出將入相才能的**王陽明**，自然不是文官集團的最愛，只做到省級幹部，57 歲病逝。當然嘛，王陽明的學問，講究實踐，要身體力行，中國知識分子的絕大多數，做不來的。

心學傳到清朝後，沒落。跟唐文化一樣，被日本承接過去，成為近代日本士人的功夫。三百多年後，日本明治維新時期的風雲人物，大都服膺心學，包括西鄉隆盛與東鄉平八郎。打贏日俄海戰、澈底改變日本命運的東鄉平八郎，更隨身攜帶刻有 "一生伏首拜陽明" 字句的腰牌，在明治為他舉行的盛大慶功宴上，面對眾人的諸多詢問，東鄉只是靜靜地亮出腰牌，做為回答。。。（順便八卦一下：當時，經過日本的美國軍艦，曾有極少數低階美軍拜會過這位風雲人物，後來在第二次世界大戰中打敗日本海軍的美國太平洋艦隊司令尼米茲，便是其中之一）

西元 1522 年，由於東南倭寇為患，文官集團認為是海洋貿易引起，於是嚴屬實施海禁，銷毀浙江沿海船隻，停止海洋貿易，但海防更加空虛，從此倭寇如入無人之境，騷擾東南州縣長達半個世紀，而中外海盜也蜂擁而至南海（那時候的商船都有武裝，商、盜，是一體化的）。明軍屢次擊敗葡萄牙海盜，但西元 1557 年，葡萄牙人還是從廣東地方政府那裡取得澳門島 "長期居住權"。

西元 1534 年起，嘉靖不大上朝，只召見內閣大臣議事。西元 1542 年，因為練道家長生不死術，嘉靖奴役宮女們採集清晨露水，竟然發生中國史上唯一一次的宮女叛變事件，嘉靖睡夢中差點被勒死。此後，嘉靖乾脆不上朝，任用拍他馬屁的、會寫道家禱詞的文官為內閣首輔，擅權達 20 年之久，貪汙舞弊，無所不為。

那時，北方，達延汗的孫子**俺答**汗奄有整個蒙古，擴及河套（築呼和浩特城），更進軍青藏（俺答汗治下的蒙古改信西藏格魯派佛教，並將格魯派教長封為 "達賴喇嘛"，這是達賴的起源）。西元 1550 年，俺答汗打到北京城外，嘉靖被迫開放大同等馬市。

東南，**倭寇**，其實不是嘉靖時期的新鮮事物。元末，日本也處於 "南北朝" 分裂混戰之中，敗戰方的散兵游勇常常投奔怒海，成為海盜，就是 "倭寇"。起初他們劫掠朝鮮半島，漸次延伸，騷擾遼寧、山東。

明成祖時代，明軍在大連附近全殲上千進犯的倭寇，而當時中日官方尚有正式往來，日本政府也以消滅海盜為務，雙方配合，中國沿海維持了相當長時期的安寧。明初的倭寇，是日本人為主的真正"倭寇"。

西元 1467-1615 年，日本經歷了 148 年的"戰國時代"，重複"南北朝"的故事，釋出不少敗兵遊勇為倭寇。時值明王朝成化初年至萬曆末年，正是明朝步入衰敗的時期。

中國的海禁，從文官提案的意識，到內閣議論和決策的確立，反映了整個明代的畸形。一方面是朱元璋小農經濟的價值觀，超低稅賦、徵收糧帛實物，明初確實做到"藏富於民"。 一方面是明初政策所造就的繁榮，促長了商業經濟與資本集中，帶來更大的的物質刺激和要求，以及，吏治的貪腐。

這時的文官體系裡的知識分子，雖距鄭和時代不遠，卻已丟失了國際觀，專業人才更遠不如宋元，一昧以自己都難以做到的道德規範，來取代人性自然趨利的經濟運作規律。

結果，海禁政策，想以斷絕海洋貿易的方式，來驅除海盜，僅只助長了沿海中國人的走私、入海為寇。

嘉靖之後的"倭寇"，日本人的成份很少超過 30%，同一時期的高麗史料，那裡的倭寇，日本人甚至占不到 20%。明代"倭寇"主力實際是中國海盜，依託日本港口為基地，琉球、臺灣等，都是他們的"勢力範圍"。

倭寇，其實不過是配置了一些日本武士刀為武器的海盜。但我們也只好暫且沿用倭寇這詞。

西元 1542 年，安徽私商，**汪直**，以日本的平戶島為基地，建立了東亞史上第一個海洋商業王國，國號"宋"，自稱"徽王"，控制了琉球至

廣東之間的海域, 領有 20 萬眾, 包括華人、日人、琉球人、歐洲人以及, 千艘數量級的船隻, 自然還有琉球、舟山等泊島。

但凡進入這個水域的船隻（商盜不分）, 生意、補給都受其節制, 包括葡萄牙船隻。

汪直會稱<u>王</u>, 是所有智人的習性。近代以來的商業王國, 叫做**"公司"**。西元 16 世紀之後, 大型跨國公司, 比如, 西、葡、荷、英, 各自的"<u>東印度公司</u>", 其實都像似"國家", 一個絕對利潤掛帥的"國家", 各有領域、人眾、組織、武裝、稅收、生計。歐洲政權的君主或政府, 是<u>這些</u>"公司"的合夥<u>股東</u>, "公司"可以跟其他國家或公司締結合約。

汪直的"國", 實際也就是"公司"。後來, 海洋中國人在南洋各地, 據有不少類似的"公司"或"總廳", 對跟他們打交道的歐洲各國而言, 通通都以"國家"方式對待, 不就是個政權嘛。。。

（順便提一下, 非專制世襲政體的"共和國", 從歐西史料裡找到最早的, 是中國人在<u>婆羅洲</u>成立的**"蘭芳共和國"**, 約跟美國立國同時…）

32

當時日本戰國諸侯的西洋槍支，汪直是最大供應商，而汪直在平戶的5000 禁衛軍，清一色西洋火槍配備，儼然是日本諸侯中的列強。這是草原游牧最直接的海洋機動版本，跟後來英國強佔香港完全一樣。各國史料沒有海洋"宋"國的財政數據，但以百年後類似規模的鄭芝龍（**鄭成功**的老爸）年收千萬兩數量級的銀子來看，汪直的規模只大不小，而明朝政府財政數字，實物等通通折合為銀子，每年也不過 4 千萬兩出頭。

那時候，中國沿海轉入地下的海外貿易，進出口商品的大半，都在汪直的掌控之中。。。當然，"徽王"人馬掠奪船隻、也上岸掠奪，跟草原汗國沒什麼兩樣。

（傳統中國歷史記述，盡當汪直是"漢奸"，殊不知，"徽王"乃這時段東海海域的海洋中國之霸，部屬大多中國人，兼領日本人、葡萄牙人等，奄有琉球一部，甚至割據日本海島，何"奸"之有？寫史的知識分子，盡皆小農意識罷了。汪直，是海洋中國實例之最！）

西元 1558 年，在明王朝總督江浙軍務的**胡宗憲**費煞周章的招撫下，汪直回國談判。但這時來了個莫名其妙的清官，浙江巡按使（副省級的司法官），他不顧上級胡宗憲的保證，把到杭州遊玩的汪直逮捕入獄，並報告朝廷、彈劾胡宗憲有勾結海盜的嫌疑。

第二年，中央政府文官集團下達指令，汪直被斬首示眾。史料記載，汪直臨刑，預言："我死後，江浙要大亂十年"，取下金髮簪給兒子，平靜地說：沒想到回中國是這種死法。。至死不撓，死得很有王者氣勢。

汪直的義子接班，報復，殺掉胡宗憲派去做人質的親信，隨即大舉進攻浙江沿海。這時候，在**胡宗憲**的全力支持下，明王朝湧現兩顆將星：**戚繼光、俞大猷**。

尤其是**戚繼光**，大概是中國歷史上最耀眼的專業軍人。

戚繼光是軍籍的世襲武將，出身在山東的一個衛所，從小受到老爸嚴格的文武訓練，17 歲承襲父職（近似百夫長）。但他要證明自己的本事不是世襲來的，22 歲考中武舉，第二年，到北京參加會試，碰上俺答汗圍困京城，臨時被抽去防守城門，之後，會考黃掉了，兵部直接派他回山東帶兵。

西元 1555 年，戚繼光被調往浙江，此後 3 年，目睹軍隊臨戰就散的慘狀，怪不得蒙古、"倭寇" 如入無人之境。

西元 1559 年，明政府等於騙殺汪直，東南沿海風聲鶴唳，恰巧戚繼光經過義烏，見識義烏人集體械鬥、奮不顧身的場面，於是在胡宗憲的支援下，招募 4000 義烏兵，戚繼光嚴格整訓成軍紀絕對嚴明、戰技絕對專業的勁旅。2 年後，倭寇大舉進犯浙江台州（在寧波與溫州之間），戚家軍以少勝多，13 戰 13 捷，蕩平浙江倭患。隨後，倭寇移師南犯閩粵，戚家軍也移師福建，此後到西元 1566 年，跟俞大猷軍一起，肅清閩粵全數倭患。前後戚家軍總數不及 2 萬，一次投入戰役，難得超過 8 千，而敵我陣亡比率，平均近於 50 比 1 的數量級，是空前絕後的記錄。

戚繼光成功剿滅倭患，沒有文官胡宗憲的全力支持，是不可能做到的。

西元 1568 年，戚繼光帶 3 千戚家軍接防薊鎮，成為北京的邊防軍區司令官。靠內閣大臣**張居正**和薊遼總督**譚綸**的支援，總算可以做點實事了。他嚴格的練兵法，說三道四的人太多，於是，① 採取守勢，整修長城，加強防務，今天看到的長城，山海關到居庸關一線，便是戚繼光修建的，② 加強火力，各式火炮、槍支，都配上，③ 改變戰法，建造大型戰車，臨敵必出關迎戰，使蒙古鐵騎不得靠近長城邊。

包括俺答汗在內的蒙古諸部，都吃過戚繼光的大虧，遠遠避開薊鎮，轉而攻略**李成梁**防守的遼東，最終造成**努爾哈赤**崛起松遼，下面再敘。

在文官集團結黨結派的惡習下，西元 1582 年**張居正**病逝後，包括**戚繼**

光在內的"張派"人物通通倒臺，1 年後戚繼光調廣東、待 2 年後被罷官回老家，又 3 年後，戚繼光窮困潦倒，59 歲出頭，默默無聞地孤寂在家鄉病死。

這樣的將才，明王朝也就用到軍、師長的份上。

戚繼光並沒有海洋意識，但他是唯一提出以海軍進攻日本、打擊倭寇巢穴的明人。他是<u>專業軍人</u>，以海軍對抗海軍，不就是跟以騎兵對抗騎兵一樣的嘛…！邏輯是一致的。李唐王朝，不修長城，專以騎兵機動對付游牧機動，意思完全一樣。

嘉靖皇帝算是個極端好命的皇帝，居然熬到了"倭寇"的落幕才死去。明朝的文官統治集團，也極端好命，闖了海禁、騙殺汪直那麼大的禍害，東南沿海死了十幾、二十萬平民百姓，居然出了胡宗憲、譚綸等文官，拉拔了戚繼光、俞大猷等武官，平息了戰禍。

但中國人很不好命，海洋中國的機遇，就此錯過。我們說說而已，這哪裡是"命"？

明代中國人，其實醞釀著極大的變化，小農經濟與工商經濟，草原機動和海洋機動，多種意識一起衝擊著明代中國人的腦袋瓜。而傳統中國歷史記述僅只述說了（小農經濟＋儒文化）那 一面的故事。

明代中國人的思想，其實也多樣化，才會出現那麼多實的、虛的人，出現那麼多不可思議的清官、貪官的糾結。只不過，中國人沒拗過自己那些小農的習性罷了。

倭寇事件，道盡明代中國人的政經糾葛和古怪。
明代的畸形，來自：政治王權高度專制、經濟金權高度自由。
中國人的歷史，居然這樣發生了。

明代的中國，版圖比宋代大，人口數量級一樣，技藝和繁榮的程度，都超過宋代，換言之，做為一個經濟體，不比宋代小。而明政府財政卻只是宋政府財政的 1/4 左右，顯然，明代民間，比較"富裕"，被政府剝削較少。但人類的分配制度從來都不平均，自然界或生物界，也從來不存在平均分配的狀態。人群是要食衣住行的，能消耗的、能用掉的、生存必須的糧帛，需求量其實不算太大。所謂的"財富"，無非就是奢侈品、器械、土地、奴隸的佔有，本質上，代表"權力"，代表對人力、物力的使用優先權。現代詞彙更絕："定價權"跟"話語權"。

倭寇走私的東西，幾乎都是"財富"類產品。殺頭的生意有人做，賠本的買賣沒人做，"倭寇"事件，曝露的，遠不止經濟與政治的深層糾葛。

明代王權儘管絕對專制，宦官可以亂政到胡作非為的程度，但王權隨時可以殺掉宦官，內閣或文官集團的待遇並不比宦官好到哪裡去。可是，正由於朱元璋的人情，藏富於民的理想，超低的稅賦和超低的政府財政的實現，明代經濟幾近於完全自由、放任，恐怕是人史上唯一的大數量級的"自由經濟體"，至少大明疆域內是這樣的。管治這樣一個全新模式的社會，誠非易事，何況經濟利益還是那個社會的避諱、管治階層還不敢拿到桌面上來討論或計畫。

從國內的經濟自由度出發，就更難理解激發海盜走私的"海禁"政策。因緣際會的"倭寇"，便是明代這樣的王權與儒官體制下產生的怪胎。

此外，在明朝政治體系下，戚繼光不能全然專業地做他軍人該當做的事，他必須沾邊，像于謙或王陽明那樣，不結派沾邊而辦成事的功力，戚繼光沒這本事。活在重文輕武的社會，沒拿他當雜役來差使就不錯了。沒有胡宗憲的傾力支持，像戚家軍這樣的專業部隊不可能存在。將領專有一支部隊，是王權專制的大忌諱，所以戚繼光招募戚家軍的人數從未過萬，練成後，經常分兵留守地方。他後來北調去對付蒙古，也只能帶 3000 戚家軍，做為親兵隊。如果沒有沾到張居正的邊，戚繼光不可能縈縈實實拱衛京師 15 年。。。

36

張居正，是畸形的明代裡，大腦清醒的知識分子，堪稱秦漢以來之最。就歷史演化而言，他並非異數，轉型中的社會，無疑會出現許多可以認識到社會正在變遷的人。每個人的機遇不同，能量的數量級也不同，像汪直、戚繼光、李贄等等，何嘗不也認知到世事的某一方面，儘管或許不是全貌。

西元 1566 年，嘉靖終於死了，兒子繼位，即隆慶皇帝，**張居正**成為文官集團的兩個當家人中的一個。他的務實面迅速發揮功效：

① 促成 "隆慶開關"，解除海禁，開放海外貿易，此後到明朝覆滅，全球白銀流入中國，以萬噸計，

② 給戚繼光挪除一切人事障礙，儘量發揮戚繼光所長，確保北京安全無虞，

③ 開放邊城，與漠南蒙古互市，俺答汗從此不再寇邊，此後，馬匹源源不斷、大量供應到內地。

不過就是回歸正常的經濟運作嘛，張居正也不過只運用合乎實況的人情和理性，不但解掉了海疆與北疆的緊張局勢，省下無數軍費之外，白銀與美洲農作物流入中國，更刺激了中國的農業 "革命"，以及，內地經濟的持續增長⋯。

西元 1572 年，隆慶死，9 歲的太子繼位，就是在位 48 年、33 年不上朝的萬曆皇帝。萬曆的老師，**張居正**，成為內閣首輔。史料記載的皇帝生母，李太后，是中國典型的賢妻良母，管教皇帝相當嚴厲。在太后的信任下，張居正首輔兼帝師，享受的是近乎攝政的待遇。在管治國家機器的工作上，張居正，可以算得上是歷代最稱職的總理級官員。**實在**，是張居正的行政風格。

張居正任上 10 年，專抓主要矛盾，除了隆慶年間的 3 件大事之外，他在萬曆年間也只做了 3 件大事：

① 核實數據：丈量全國田畝數字，居然比弘治年間多出 300 萬頃，達

到 700 萬頃，光這部分的實收糧帛，就多出 40+%。另外，針對盜匪橫行的治安情況，嚴懲地方官隱瞞不報，當然，更嚴懲盜匪，地方治安迅即改善。

② 考核官吏成績：大量裁汰冗員之外，對所有官吏，明確職責，並要求官員提出上級可以接受的計畫，一式三份，自留、內閣、都察院各一份，"立限考成"（按期限辦事，並按數字考核成績）。考績不稱職的官降級，可以降到成為平民。針對科舉 "當官發財" 的習性，這是中國史上第一次稍微像樣的制衡措施。

當然，官吏的花銷也就必須有所計畫，連帶皇家也不得不節制開支…。

③ **一條鞭法**：簡化稅收名目與程式

既然田畝和男丁的數字都核實清楚，稅收簡並成銀、糧兩個數字，統一徵收，老百姓容易看懂、政府也有確切數字、更防止了官吏以潛規則貪汙舞弊：

○ 取消 "役"，併到 "地稅" 和 "糧稅"。政府要用工役，就雇傭老百姓來做。

○ 各地所交的錢、糧稅率，並不相同，但有定額，按特定比例，分攤到<u>地</u>、<u>丁</u>。

○ 分攤原則以<u>地</u>為主，基本上取消人頭稅。（亦即，<u>丁</u>負擔少或無）

當時，除了南方一些田畝還繳納實物糧米，全國範圍都收稅銀，等於銀兩貨幣化。而政府雇用老百姓進行運輸或工程，等於充分就業，原來害怕服役、現在可以做工領餉。

經濟運轉貨幣化，更刺激工商 "專業化" 起來，地區分工、城鎮化，大大興盛。比如，江南更集中生產絲、綿、織品，廣東也更集中生產蔗糖，這些傳統產糧區轉而倚賴進口湘鄂大米來解決糧食的不足，通通按經濟規律辦事，不用政府"主導"。

張居正推行的這些"改革"，當然跟既得利益嚴重衝突，以文官統治的分黨結派、以及中國歷來的地方小山頭習性，自然也非一朝一夕就可貫徹。但，推行 5 年後，明政府財政達到破紀錄的歲入 4 百多萬兩，轉虧為盈；10 年後，中央府庫存銀千萬兩，糧倉也飽滿、足供數年之需。

而最重要的：平民百姓，額手稱慶。也許是有史以來，第一次，王朝官府不是"萬萬稅"，哪怕非常短暫。當稅則簡單明了、甚或僅只是一個數字的時候，吏治便失去魚肉鄉里的諸多名堂，尤其是"役"的分攤。估計，擺攤費、祠堂費、治安費等等等等，還是有的，但至少吏治以權謀私的法螺被大大抑制，平民百姓的負擔多少減輕一點。

（吏治，跟資本主義或什麼主義無關，跟制度下的人性與貪腐有關。現代世界，稅局和法部，無不豢養大批官吏，規則多到只有"仲介""專家"看得懂，完全一樣的意思。規則簡單了，數字無從取巧了，就無需豢養那麼龐大的 xx 員、地稅員、國稅員、稽核員、指定的會計師和律師集團了。當然，最終還是"權力"的問題，規則或數字容易明確，但辦事效率卡在經辦吏胥，依然是個潛規則）

西元 1582 年，張居正病逝。第二年，莫名其妙的萬曆，立馬掉頭清算張居正。

原先被剝奪利益的大小文官集團，當然落井下石、趁機取消諸多對他們不利的"改革"。張居正的一些措施被廢掉，一條鞭法，名義上被沿用、但面目全非，苛捐雜稅恢復，就不是"一條鞭"了嘛。吏治，故態復萌，變本加厲。

嚴格來說，張居正的措施，並未更張統治體制，僅只限制了官僚地主的盤剝、調動了民間經濟實力、夯實了管治，稍加數字化管理，把執行的漏洞堵了堵。如此而已。他的"改革"，只留傳了一項：銀本位的貨幣。

他無意間加速了民間經濟的發達，估計，此後，明代手工業產值占到當時全球一半以上，那時的外貿大超元代。人類的外貿體制，是這樣帶起來的。

從現代回顧，張居正對當時的社會情況，具備相當真實的感覺。那時候當然沒有現代經濟學的概念，但張居正對各種資訊和人情，顯然有足夠的靈敏度。得力於更加暢通的全球海路，那時候，距離開放海禁不過 10 多年，民間藏銀已達千萬兩數量級，其後直到明末，中國人握有的白銀，更達億兩數量級，也許占到當時全球白銀的 1/3 以上。

張居正自然沒有現代金融的意識，只是通達資訊與人情，懂得順水推舟，既方便了平民百姓、又增加了政府財政收入，從官僚地主特權這些高收入階層裡頭，取出他們本該承擔的份額而已，並且還是相當公平的、按田地資產的大小來徵收的（地稅）。。。

私營工商的商人，以及，商業稅收，不大在他的視線內，幸好不大在意，中國才有人史上第一個近乎理想狀態的自由經濟體的試煉。

西元 1587 年，萬曆開始不上朝，而且不大批奏摺，自閉至死，長達 33 年。霸著茅坑不拉屎，此人肯定是個心理不正常的變態，王權專制的負面概率，達到最高指數。

西元 1592-1600 年，明王朝經歷 3 個戰爭，跟叛軍在寧夏打、跟日本豐臣秀吉軍在朝鮮打兩回、跟叛亂的貴州土司在遵義打，耗掉 1 千多萬兩銀子。差不多把張居正為政府財政攢來的積蓄花光，明王朝又開始面臨中央財政困難。

但自閉的萬曆卻依然可以派出太監，為皇家收刮財富。而失去頭頭的文官統治集團，因士大夫被教化出來的“君主依戀癖”，既見不到皇帝、又沒有敢於專斷負責的另個張居正，只能分分派、占占位、內鬥，“黨爭”爆發。當然，表面上是“政見不同”，反正遞上去的文件也不知道

<u>萬曆</u>看沒看，只有太監們忙著傳話。

中央的無政府狀態，倒加強了民間經濟體的"自由活動"，貧富懸殊擴大到難以想像。

西元 1583 年，義大利教士，利瑪竇，進入廣東。這位歐洲啟蒙時期的耶穌會教士，重新啟動了忽必烈大汗之後、中斷了近 300 年的天主教在中國的傳教。啟蒙運動的烙印，顯然深刻影響了利瑪竇，他認識到，人嘛，都是雷同的人性，在一個陌生的環境中，如果不能打入當地知識分子的生活圈、獲得人們在文化上的尊重，無論什麼教，傳播不開的。到中國之前，利瑪竇已經在印度和越南傳教 4 年，他很快發現，東方知識的淵博不下於歐西，於是，利瑪竇決心以西洋知識，做為結交中國士人的敲門磚，並潛心學習中文。

那時，以鄭和為開端的大航海時代早已過了近 200 年，東西方測繪的海圖，正可互相印證。西元 1584 年，利瑪竇在中國人測繪的世界地理圖上，參合西方知識，出版了中文的萬國全圖，連同他帶來的諸多儀器、鐘錶，成為他的"通行證"。

近來的考據，發現利瑪竇 1601 獻給萬曆的坤輿萬國全圖（如左圖，真跡在美國，秘而不公），實際是鄭和時代的海圖，而西方卻抵死不認…。其實，地球本來就是圓的，哥倫布以冒險遠航證實之，中國人早於歐洲人到達美洲的史實也不會妨害歐美的"科學昌明"。

41

利瑪竇也寫出第一本中文-拉丁文字典、翻譯出拉丁文版的四書。

西元 1598 年，利瑪竇在輾轉到北京的路上，滯留南京時、結識了**李贄、徐光啟**，後來跟徐光啟一起譯出中文版的歐幾里得 "幾何原本"、跟李之藻一起譯出中文版的 "同文算指" （歐西算術）。利瑪竇的自然科學知識，確實使得穿著打扮本土化的他，成功進入中國知識分子階層，這些譯作，也成為歐西科學進入中國的開始。

西元 1601 年，利瑪竇成為明代第一個到達北京的歐西傳教士，西元 1610 年死在北京。他至少引起了中國皇帝的注意或好奇，允許天主教在北京傳教（也就是可以在中國傳教），西洋鐘錶成為明清皇家的寵愛，傳教士們得以出入宮廷、維修鐘錶。利瑪竇的教堂有萬人數量級的中國教徒，包括徐光啟、李之藻等士人（官員）。萬曆年間的中國，也許可以形容為：有秩序的混亂。
（小農經濟＋王權專制＋孔儒文化）像塊碩大的結晶體，被浸入（海洋＋金權＋西學）的新環境裡，能接觸到、能感受到新環境的人們，自然變得 "特立獨行"，思想或行為，相當有趣、相當破格。比如：

李贄，寫了 "焚書" "藏書" 等非古的著作，全面質疑結晶狀態的單一漢儒文化傳統，造成一些影響。但那的中國，距離春秋戰國百家爭鳴的狀態，太遠，結晶力太強。老年的李贄，被關進監牢，自殺。錦衣衛連這都要謊報，說他 "不食而死"。

徐光啟，成為引入歐西科學的第一個中國人，翻譯幾何學的中文名詞術語，"幾何" （geometry 音譯）、平行線、切線、三角、對角、直角、銳角、鈍角，等等，達到玄奘翻譯印度佛經的嚴謹度。他以同樣的精神，主持天文曆法局，明確引入地球是圓的概念，以球面三角學改造天文觀測儀器。他也搞試驗田，編著農政全書，正式推廣甘薯等旱地作物。

李時珍，厭倦做官，辭掉禦醫工作，潛心 27 年，著作 "本草綱目"，既是植物學、也是藥學的經典作品。李時珍完全像似現代的自然科學家。

徐霞客，這個世代書香的富裕人家子弟，他有個自在的老爸：不做官、也不跟權勢中人打交道，經常出門遊山玩水。於是，徐霞客從小便也愛看史、地、遊記。他媽媽更棒，沒拿"孝道"栓他，還鼓勵他不同的"男兒志在四方"。徐霞客22歲開始出門遊歷，51歲最後一次遠遊，29年間，大部分時間花在中國各地的山山水水，遊玩兼考查地理與地質，無遠弗屆。所寫的"徐霞客遊記"，是他的旅遊日記，只留傳了一部分下來，是現代之前，中國人對中國大地最真實的地理考察記錄。

宋應星，被科考折騰大半輩子，但幾次到京城趕考的長途跋涉讓他開了眼界，感嘆知識分子埋首四書五經，衣食不缺，卻不知糧米或蠶絲怎麼來的。於是，回頭旅遊各地，考察作坊、田野、礦山，細心記錄，專注**實學**。西元1634年，他將調研到的當時科技，著作成"天工開物"，圖文並茂，從東北捕貂、南海采珠、和闐采玉到蠶娥配種、黃銅煉製，通通列入這本"技術的百科全書"，已經有現代科學的味道。

晚明時期，湧現諸如上述類型的出類拔萃的知識分子，絕對不是萬曆的功勞，更不是漢儒文化的功勞，是那時中國高度自由的經濟體造就出來的。

即便王陽明、戚繼光、張居正等等，傳統歷史記述也都沒有給予真實的評介，因為他們偏離結晶體"正統"。但如果沒有金權對政權、西方對東方、海洋和草原對內地，種種矛盾與拉扯，人腦是很難"自我刺激"出另類思維的。

西元1616年，得力於遼東軍世襲武官**李成梁**的割據化，鮮卑女真部酋**努爾哈赤**得以忽悠李成梁一家子，李成梁一家子再忽悠北京。李成梁懵明王朝發糧餉，努爾哈赤也懵李成梁發糧餉。李成梁對努爾哈赤，時撫時剿。努爾哈赤對李成梁代表的明王朝，也時降時叛，但兼併諸部，則不遺餘力，就這樣迅速坐大、稱汗（後金）。

初期的後金，典型的部落共和，分臣民為八旗（部），由八旗頭領"推選"可汗，雖然努爾哈赤是明顯的特大頭頭。

從現代回顧，女真崛起，當然是明王朝的政治腐敗促成的。但明王朝的內縮政策，是朱元璋、朱棣兩代皇帝之後的事，而政策的形成，實際是文官集團的意識和認知，牽著不作為的皇帝走上去的路子。

傳統歷史記述，多半評介明初兩帝的主動對外為"擴張"，充分反映文官統治集團裡的知識分子，經過兩宋長期的內縮，早已滿足於長城以內的世界，自閉於草原和海洋。科考出來的文官，既沒有興趣、也不想去瞭解長城以外的世界，更沒有能力洞察歷史真相，以為漢、唐、明初的主動僅只是"擴張"的衝動，無視於長期以來漢人的被動與固守，從未能阻擋草原的主動與機動。

宣德之後，草原實際又近乎真空狀態，游牧諸部早已自由競爭了快 200 年，不斷有雄主出現，**努爾哈赤**，就是再次力圖統一草原並進入長城以南的一個，何況歷史早已證明，不難做到。。由於自閉，中國人不但看不清草原訊息，也嗅不到海洋味道。

西元 1620 年，萬曆死，死前一年，努爾哈赤軍在薩爾滸（今遼寧撫順附近）擊潰明軍，後金崛起。而接萬曆位的皇帝只做了 1 個月，嗑藥死，接下來繼位的皇帝啟用清議派的東林黨文官，其他各派系便投靠到太監底下、成為為閹黨，黨爭。以閹黨勝利執政告終。閹黨對東林黨的整肅，只能以"政治迫害"來形容，白道成為最大的黑道，可以想像，當時社會被壓榨的程度。當時的傳統學問的菁英，倒展現出對抗黑暗的氣節，但都自我沉浸在"忠君愛國"的心理中、無視於皇帝就是黑道的總源頭。

西元 1625 年，當時最有才幹的文官，**袁崇煥**，接任明東北軍統帥後，居然能在閹黨執政亂搞的情況下，以火炮打敗、並擊傷努爾哈赤。

第二年，努爾哈赤死在都城盛京（今瀋陽），第八子**皇太極**經部落會議

"推選"，繼位。皇太極繼位後，立即進攻朝鮮，先夯實後院。

明末這時，地球氣候幫了女真王朝一個大忙。現代學者認識到，西元 13-19 世紀的地球，經歷了一個小冰期，全球各地經常發生乾旱、低溫現象，伴生的饑荒、戰爭、瘟疫，抹去各地許多人口。現代也認為，這是歐亞大陸游牧民遷移擴張的因素之一。

西元 1627 年，**崇禎**接班，立刻整肅閹黨，但幾乎全國大旱，陝西饑民首先造反。此後，華北災荒與疾疫不斷，**李自成、張獻忠**等造反軍繼續坐大，直到明朝覆滅。實際，西元 1640 年前後，東亞氣溫達到小冰期的最低狀態，華南、日本，到處缺糧。

不過，幫女真王朝最大忙的，卻是崇禎自己。

西元 1629 年，皇太極繞過山海關，突然進到北京附近，袁崇煥急率朵顏三衛騎兵趕回京城護駕。皇太極打不過，但略施反間計，崇禎竟逮捕袁崇煥、並誅殺之。至此，明政府先後派到東北的文官統帥，都死於明廷之手，世襲的遼東武官李成梁一家子，割據地方倒沒事。

有崇禎那麼蠢的對手，皇太極倒不急了。撤軍回老巢，夯實統治基礎。皇太極花 6 年時間統一漠南蒙古，直到蒙古林丹汗部完全歸附，盡收林丹汗的后妃為自己嬪妃。然後，西元 1636 年，改女真族名為滿洲，改國號金為清，廢汗稱帝，立來自蒙古科爾沁部黃金家族的原配為中宮皇后。

他沿續俺答汗以喇嘛教佛化蒙古草原的政策，並成立蒙古八旗、漢軍八旗。吸取戰爭的教訓，軍隊裝配了火炮，步、騎、炮，協同作戰。

西元 1643 年，皇太極病逝，異母弟**多爾袞**等為輔政大臣，擁立 5 歲的皇九子**福臨**繼位，是為順治皇帝。皇太極死前的幾年，5 次肅清山海關內外的明軍據點，生俘明薊遼總督洪承疇、並使之投降。這時，崇禎已經接近玩完了。。。

但最終覆亡明朝的卻不是清王朝，而是李自成。

自西元 1627 年以來，明軍進剿華北民亂，勝多敗少，但饑民造反，此落彼起，永無寧日。幾個年頭過去，沒倒下來的李自成、張獻忠，已經煉成精了，完全草原式游擊戰，甚至可以，時降時叛，或賄賂逃生，東山再起。無論統兵官是文是武，沒有三槍打不透的人，上官打不透，下官一定打得穿。崇禎的明廷，處置乖張，人人自危，明軍很快學會"養寇自重"：若一舉消滅了叛軍，勝利結案，還得面對軍需報銷、官僚集團的妒忌，不如一直勝而不滅，糧餉源源而來，不亦快哉。。。

亂到西元 1644 年，裡外受敵的崇禎，一個閃失，李自成攻進北京，崇禎自縊死，明亡。李自成跟朱元璋沒啥本質上的不同，那時候的"農民革命"，不就是打天下、做皇帝、搶東西嘛。李自成軍的文官幕僚，在遍地饑荒的年代，提出"迎闖王，不納糧"的號召，大受農民的歡迎，動輒聚集"百萬大軍"，無非是流民大軍到處掠食。

但李自成集團的智商（IQ）和情商（EQ），比朱元璋集團低下太多，李自成軍進到北京城後，他自己率先住進皇宮去爽，部隊則打砸搶了一陣子，又殺明山海關守將**吳三桂**全家，逼得吳三桂投降清王朝，引清兵入關。。。（朱元璋打天下，是很有一套理路的，朱家從貧民變成皇家之後，朱元璋也的確重新訂定出對農民有利的遊戲規則。明代後來的演化，可不是他得以預料的，朱元璋已經做到了當時人們各種習性下的最佳平衡點）

多爾袞率入關的清兵，押著吳三桂軍為前鋒，攻向北京。李自成率 10 萬農民軍迎戰，大潰敗。至此，清王朝開始了統一中國的進軍。（多爾袞的戰術，跟成吉思汗沒有不同，打頭陣的當然先押上明朝降軍，除了比較熟悉當地地理人情之外，先消耗掉的也是這批人。在這意義上，此後的清兵，許多是被收編的明降軍）

46

南方各地的勢力自然要擁立明朝宗室抵抗清軍兵，但"黨性堅強"的文官集團習性，使得任何抵抗都存在內耗，缺乏組織與協調。清議派的東林黨人倒貨真價實的展現了氣節，出現了**史可法**的死戰揚州，清兵損失巨大，打下揚州後，屠城十日洩恨。清兵攻城，經常是大炮起了相當關鍵的作用。

前面稍微細說明王朝過程，因為明代中國人的"型"，已經跟秦漢、唐宋大不相同。明代社會的邊際條件，政治高度專制＋經濟高度自由，使得人們長期處於政權與金權的兩極分化之中。明王朝統治階層，包括皇家和文官集團，小農意識的本質，使得大部分的他們從未認知到，中國面對的世界，正在加速經濟化與全球化的過程中。

中國，跟現代歐美類似，權力階層只管收稅或收租，民間有辦法的，通過生產、服務、流通去賺外洋或內地的銀子，沒辦法的，則老老實實種地。

人類自有歷史以來，社會本來就嚴重層流化，有文化的"勞心"、沒文化的"勞力"，不獨中國為然。5千年來，各地人類族群，都經過神權、王權時代，知識與藝術品等稀有物，長期就是"權力"與"財富"的一部分，被"文化階層"佔有，而人類生存繁衍的老本，農業生產，則長期由底層人民從事。

兩宋的文化人，未必完全理解到話語權與定價權的作用，但已經懂得從各種經濟流通的稅收裡，為國家機器和個人榨取財富。

明初試圖回歸小農經濟，國家機器僅只壟斷鹽、礦等專賣，放任商業流通，無意間擴大了宋元以來的民間自由經濟，結果，明初兩帝的休養生息，使得中國城鄉差距更超過前代。但統治階層的意識上，確自以為是小農經濟的，更強化的思想統治，透過科考，將絕大部分知識分子的能量都納入傳統小農經濟的晶格裡，驅使讀書人努力試著體會孔儒經典統治農業社會的大道理。然而，絕大部分文官卻是從城鎮的考場，飛黃騰達的，他們生活在繁榮的花花世界，商業興盛，見錢眼開，整個社會只好患上適應不良的拜金精神分裂症。

舉個明顯的例子，來看看明人意識與行動的光譜。

明末，**鄭芝龍**，成為東海和南海的新霸主。西元 1625 年，將基地從日本轉移到臺灣，之後，崇禎年間，泉州老家碰上大旱，於是從福建組織大規模移民，墾殖臺灣。西元 1635 年，擊敗荷蘭與一支中國海盜聯軍，更取得泉州、廈門一帶地盤，確立霸主地位，打破荷蘭對日貿易的壟斷、迫使荷蘭對華貿易的商船向他繳納稅金（"保護費"），鄭芝龍的船隊更通商東南亞。

清兵入關，勢如破竹，福建的明朝遺王遺臣，趕緊籠絡鄭芝龍，加官、封爵，希望他協助抗清。但對鄭芝龍而言，老婆是日本權貴之家的女兒，手下船隊在日本、臺灣、東南亞的利益，每年千萬兩銀以上，明朝、清朝，不就是中國換個來壓榨他的頭頭嘛，他怎麼會認真替明王朝再打天下？西元 1646 年，眼看大局不對勁，不顧兒子**鄭成功**的反對，帶了另外幾個兒子北上福州，降清，海洋人碰上草原人，有理說不清，糊裡糊塗被清軍移送北京。清軍當年就打進並劫掠泉州，鄭芝龍老婆自殺。。。

西元 1647 年，鄭成功在小金門誓師抗清，此後 10 年，以海權取得廈門、金門、及幾處東南沿海小島與港口，走私貿易籌餉，完全是海洋機動模式。艦隊嘛，招募來的隊伍裡頭有白人、黑人、日本人。西元 1659 年，鄭成功艦隊從長江口逆流而上，連戰皆捷，包圍南京，清廷震動，但最終大敗，返回廈門。第二年，清朝海軍進攻廈門，被鄭成功殲滅，聲威復振，但缺乏陸地資源，軍糧不足。於是，想起老爸原來經營的臺灣地盤，西元 1661 年，鄭成功率艦隊攻向台南荷蘭人據點，荷蘭人不支、退出臺灣、撤向印尼。同年，清廷在北京殺害鄭芝龍一家。

鄭成功一家統治了臺灣 22 年，還不包括鄭芝龍控制北臺灣的那 10 幾年。

發生在鄭家的，不能視為那時代的特例。宋元經濟發達以來，海盜或海商，汪直，以及其他眾多海洋中國人，不獲傳統中國歷史記述者的青睞罷了，歷史待遇，遠遠不如擁眾十萬的"流寇"或萬騎的草原"部酋"。人們只對他們"富可敵國"印象深刻，從未質問：海洋究竟養活過多少人、殺過多少人…？究竟什麼功、什麼過？

西元 1521 年，麥哲倫接通大西洋與太平洋航線之後，歐西不但證明了地球是圓的，而且科學思想與商業經濟都迅猛興起，歐洲人跟中國人之間，很快就直接接觸了，彼此的腦袋瓜都受到衝擊。在這樣的邊際條件下，**王陽明**，無疑是最後一個傳統意義的大儒。之後的中國知識分子，已經無以自外於全球共通的現象，槍炮、銀子、知識、科學、音樂、繪畫，等等等等。像西元 16 世紀末的李贄、徐光啟、李時珍、徐霞客、宋應星等，可以是那時候的珍稀華人物種。但直到清朝覆亡，他們還是，這就顯示：明清社會是連續的同一盤局，文官統治集團的文化基因沒變，中國人的意識與常識固化，對鋪天蓋地、明顯湧來的歐西現象，視而不見，只看到洋銀。清代中國，除了皇家換了"異族"之外，還就是個碩大的漢文化晶體。

瞭解明代，即瞭解清代（政治高度專制＋商業高度自由＋意識高度結晶）的景象。（集權專制＋漢儒文化）對"利"的避諱，造就了近代中國怪異的城鎮"自由經濟"，發財跟性一樣，被私密化，人人都做，唯一的禁忌是不能說、不能干擾到政治倫理…，所以只開發出潛規則，相當隨意。從社會制約或商務的角度，只要無關政治，明清商人無疑是最"自由"的，當然還是免不了必須跟官人"往來"。

明清兩代的這些意識，私而不公，不幸就是現代中國人的原型。

《清代》　　西元 1644-1911

清初（1644-1799）　　"康乾盛世"

清兵入關後，遷都北京，畢竟這就是打天下的初衷。

那時，多爾袞是實際操盤的"攝政王"，清政府定了條簡單的規矩，所有被征服地區的男人，一律剃掉前額上的頭髮、拖條辮子，跟滿族一樣。一方面，對戰時，立分敵我；一方面，徹底挫消漢人的意志。這是相當高明的政治舉措，模糊彼此的意識，顯示清王朝漢化之深、謀臣之多，也顯示**多爾袞**的智慧，非同小可。為此，不惜針對抵制剃髮令的<u>嘉定</u>進行三次屠殺。後來形成一個潛規則，叫做：男從女不從、生從死不從，在衣著上，吃公糧的男人要穿清王朝"制服"、女人還穿漢妝，男人活著是清王朝的臣民、死後可以穿漢服去當明王朝的鬼。

清初，西元 1644-1660 年，鞏固統治。

統治漢地，剃髮易服，並非多爾袞僅有的一招。他也重用漢臣，廢除明末的苛捐雜稅，並清理獄政，儘量讓漢人感覺合理。

為維持滿洲族群對王族的向心力，多爾袞放手讓滿洲人占房、圈地（強佔田地）、掠奪。失去田地的農民，為了生活，常常跟元代一樣，成為掠奪者的農奴。

西元 1650 年，多爾袞意外死於狩獵時墜馬，沒有子嗣。少年皇帝順治親政，11 年後死，死時才 23 歲，自然也就沒有太大業績，或者說少年皇帝的指令未必被貫徹執行，比如，<u>順治</u>老早下令禁止滿人圈地，實際到<u>康熙</u>任上才嚴格執行。。。

順治之死，史料交代死於天花，也敘述他痛失愛妃、哀毀逾度。

50

順治任上，中國迅速回復文官統治軌道，無非滿漢官員名額，自然傾向滿族，依稀還有八旗貴族世襲的色彩。這時段，各地經常發生抗清行動，不過，7歲的**康熙**繼位時，連雲南都已經進入清王朝的統治範圍。

康熙的成長挺坎坷的，7歲喪父、9歲喪母，成為孤兒，唯一的依靠是祖母，孝莊太皇太后。**孝莊**為了她這支子孫的帝位，費盡苦心，嚴格調教出的順治、康熙，即使按漢文化的標準，都算得上中規中矩的好皇帝。孝莊自己生活簡約，為了不開外戚干政先例，還拒絕垂簾聽政，任由順治指定的輔政大臣主持政務。

西元1667年，14足歲的康熙親政，那時的輔政大臣之一，**鼇拜**，勢力已經大到形同攝政王的局面。孝莊指點康熙隱忍不發，只是招了一些青少年摔跤高手到宮廷裡，表面上少年皇帝喜愛這個體育，跟著玩樂，自然沒引起疑竇。西元1669年，鼇拜進宮，就這樣不經意地被幾個青少年擒住，被誅。至此，入關後的清王朝才開始真正做到王權專制。

明崇禎至清康熙，前後大約40年間，天主教耶穌會沿續**利瑪竇**以科學知識傳教到中國的策略，派遣許多對中西文化交流卓有貢獻的教士到達中國，包括德國人**湯若望**與比利時人**南懷仁**。他們都具備當時歐西的天文、數學、鑄炮、力學等等科技知識。

明崇禎初期到達中國的*湯若望*，被*徐光啟*延攬進入明政府的曆法改造項目，印行了他的第一本中文書，介紹*伽利略*觀察天文的望遠鏡 "遠鏡說"。隨後，崇禎指定他造炮，於是編著了 "火攻挈要"，是最早介紹歐洲火炮的製造方法、以及使用炮火的相關事項的中文圖書。由於火炮製造涉及化學、數學、採礦、冶金等各方面知識，湯若望又跟編曆法的同事們翻譯了當時歐洲的礦冶全書，中譯本叫做 "坤輿格致"（萬國或外國科技的意思）。清兵入關後，保護技術人員（工匠），湯若望成為清王朝天文曆法局的官員，西元1645年，他在徐光啟的新編曆書基礎上（這被崇禎的官僚系統否決，因為：沒用傳統的演算法、而是用了 "外夷" 的推演！），換湯不換藥，獻上 "西洋新法曆書" 給清政府，書中包括歐洲**托勒密、哥白尼、伽利略**等那時代的新發現與新知識。但康熙也要花很多年時間後才得克服傳統官僚體系，頒布、推廣"新曆"。

多爾袞立刻重用湯若望為中央科技顧問，出入宮廷，以歐西醫學知識治好順治未婚皇后的病，成為<u>孝莊</u>感激的"義父"、順治的"瑪法"（尊敬的老爺爺，比老師還高一等）。少年的順治皇帝對湯若望的勸諫，幾乎無所不從。孝莊選擇康熙繼位，也是因為湯若望的醫學建議：出過天花的康熙，不會跟順治一樣因天花而死。。。但湯若望的傳教手冊，把中國三皇五帝與耶穌教上帝造人的傳說混融為一體的嘗試，招來漢人知識分子的激烈對抗，**鼇拜**專政時期，湯若望等編造西洋新曆的工作人員被集體下獄，其中的漢人被殺，湯若望判死緩（孝莊說的情）。

至此，徐光啟在崇禎年間培養出的漢人西學菁英，完全覆亡，中國人再次認真接觸西學是鴉片戰爭失敗以後的事了，200 年後的那時，歐西文明已經進入科學時代。

湯若望於西元 1666 年病死，但他的新曆，此後沿用至今。

西元 1659 年進入內地的**南懷仁**，很快成為湯若望編曆的助手，跟湯若望一起經歷牢獄之災。鼇拜死後，康熙釋放南懷仁，並實測檢驗新曆、回回曆、漢曆的推算，結果，南懷仁所用的新曆準確無誤，於是，康熙平反湯若望，用南懷仁為科技顧問。

南懷仁後來做到工部侍郎（副部長）。清初國家天文臺的觀測儀器，幾乎都出自南懷仁轉移歐西技術。他也印行當時最新的世界地理學與地圖集，介紹地球、月亮等都是星球的概念。歐西當時的一切科技知識、風土人情，南懷仁無不詳細著述，引進中國，康熙甚至指定他解決超重石料通過盧溝橋的問題。

實際，康熙年間鑄炮上千門，南懷仁是總顧問。康熙時期，內戰則平定閩粵滇的三藩割據、臺灣、準噶爾，外戰則遏止沙俄進入西伯利亞，通通跟使用大炮直接相關。西元 1688 年，南懷仁死，4 年後，康熙正式允許天主教在華傳教。

東西文化在中國境內的碰撞，這當然不是第一次，碰撞結果：

⊙ 權力角逐的部分，

反歐西的漢人知識分子以政治誣陷的方式整肅歐西傳教士，先勝後敗，康熙最終重用南懷仁，但犧牲了一批當時已經開始吸收歐西文化的漢人知識分子（這些人未必是天主教徒）。後來，南懷仁更以同樣政治誣陷的方式整肅**戴梓**（本土的鑄炮發明家），戴梓被康熙流放到瀋陽，終身未得平反。

⊙ 宗教的部分，

康熙放寬教禁後，天主教一度得以流傳中國。

⊙ 科學的部分，

失去中國知識分子的載體，西學始終未能進入中國人腦袋瓜。

⊙ 技藝的部分，

歐西鑄炮與絞盤等的應用，得到推廣，但沒有科學的支撐，便長期停留在西元 17 世紀的水準。反之，中國技藝原來超越歐西的部分，比如，瓷器、絲綢，至遲到西元 19 世紀末，通通被歐西超越。

康熙本人，好學不倦，中西知識淵博、執行力到位：

▽ 對於王權：

滅鰲拜後，基本上也收掉八旗部落的族權，王權專制、世襲。

▽ 對於漢地：

禁止滿人圈地、減稅賦、墾荒地（移民殘破的四川）、宣導儒學（朱熹的理學），重視禮教（為立嫡長子為儲的事，卻折騰了他後半生近30年）。但文搞文字獄，武搞削藩，中央政府禁錮知識分子思想。

▽ 對於草原：

當準格爾部擴張到漠南蒙古時，主動以武力對抗，直至新疆併入版圖。當沙俄陳兵黑龍江上游的雅克薩時，迅速迎戰、驅逐，直至帝俄求和，簽訂尼布楚條約，使帝俄兼併西伯利亞的動作押後了 170 年。

▽ 對於海洋：

針對 "反清復興明" 的鄭氏臺灣政權，採取攻勢，直至臺灣併入版圖。然後，開放海禁，設立海關，江浙閩粵四口通商。漢人開始經商、移民海外。

△ 從重用南懷仁看，

康熙吸收了足夠的歐西知識，甚至對水利工程等專案，也能正確判斷其物理可行性。

△ 從漢法治漢、又實施文字獄看，

與民休息、宣導儒學，卻不惜借知識分子人頭對漢人進行思想鉗制，強力夯實統治基礎。實際，對八旗權貴的整肅，也不手軟。

△ 從堅決統治草原、置府臺灣、冊封達賴與班禪、驅逐沙俄看，

康熙的草原意識並未銷蝕：操之在我的主動與進攻，永遠是最佳防禦。

△ 從中央財政看，

清初皇家生活儉樸，即使內外戰爭頻繁，政府財庫仍有餘銀 800 萬兩。

總之，滿洲雖然對大草原而言，屬於山林部落，或許由於黃金家族血緣的滲入，帶來更濃烈的草原意識，從皇太極到康熙，以草原法則對付草原事務的精神，也折射到漢地以外的事務。

康熙大帝，更像個漢化的忽必烈大汗，統治業已農、商兩極化的中國社會。康熙之後的**雍正、乾隆**，草原意識大大削弱，開始出現固步自封的情況。。。

西元 18 世紀 清王朝全盛時期疆域

圖源：維基百科，清朝。作者：Jason22

明清之際，由於災荒、瘟疫、戰亂，人口大約由 1.5 億降到 1 億數量級。康熙在位 40 年後，西元 18 世紀開始，大致恢復為 1.5 億。

康熙活到 69 歲，在位 60 年、親政後實際統治了 53 年。既然以漢法治理漢地，當然沿用許多明制（但明制又多有元制的影子），包括科考、知識分子、稅賦、中央財政等等。史料數據，大抵康熙時期的中央財政收入：3100 萬兩銀子+7 百萬石糧+2 百萬束草料。其中，"攤丁入畝"，取消人頭稅、按田畝徵收的地稅約 2700 萬兩銀，政府專賣的鹽課約 280 萬兩銀，內外關稅只約 120 萬兩銀。典型的明代模式，在重農抑商的名號下，民間經濟的自由度寬鬆，平民百姓的負擔應該算是歷代最輕的，折合約每 100 畝田地每年才繳納：地稅=4 兩銀、田賦=（1 石糧＋0.3 束草料）。

康熙後來甚至宣布"永不加賦"，把財政收入固定為一個數字（比如，納稅的丁數，按全國 2 千 4 百萬的定額來徵收，而實際男丁是 2 倍以上數字），以激勵更多的農業開墾。但康熙也感覺到人口壓力造成的對天災人禍的承受能力的降低，只是被教化成以農為本的"仁政"思想後，束手無策罷了。

結果呢，是鼓勵了更多的隱瞞、匿報。民間的自由經濟，加速了土地兼併，農民農奴化，人性的貪欲使得生產的分配更加不均，很低的稅賦僅只便宜了地主階層。各地區的不均，加上吏治必然貪腐所存在的官商勾結，自然引發流民現象。清朝跟明朝一樣，再低的稅賦，依然不能保證基層農民安居樂業。

康熙至死都無法確知，他治下的人口，到底有多少？因為，那個共治天下的統治階層，有文化的人，包括權貴、官僚、地主，僅只把皇家與政府所要求的固定稅賦，當作定額的"成本"，所有的本事都發揮在壓榨的最大化上面了，怎麼會輕易洩露盛世還存在流民的祕密。。

傳統歷史記述，形容康熙後半期，太寬鬆，以至於吏治腐敗。

實際是，利益集團摸透了政治，懂得怎麼從中取利、並忽悠執政者。這跟現代美國也沒啥不同，金融資本集團早已摸透怎麼玩耍"民主自由"政治，以取得最大利益，金融海嘯才會不斷發生。都是，人的問題嘛。權力經濟的制度性貪腐，政權的執行者是官吏，金權的執行者是公司與"專業"人員，倒楣的都是平民百姓。

西元 1722，康熙死後，以皇四子**雍正繼位**，雍正當皇帝時已經 44 歲，在位 13 年。康熙後半生幾次立儲、廢儲，皇家父子、兄弟之間的權力鬥爭，文官統治階層的結黨分派，以及，官僚的忽悠，雍正算是冷眼觀察到了。

康熙、雍正交替之際，也是歐西將人類的理性發揚光大、科學蓬勃發展之時。人類天然的物質欲望激發智性的應用，技藝創新、金權改寫制度軟體，王權還得跟金權借錢。

西元 18 世紀初葉的歐洲，西班牙、葡萄牙的海權已經漸被英國、荷蘭取代，歐陸部分主要是法國天下，東歐則俄國崛起。俄國的殖民擴張，成為歐洲的屏障，牽制了土耳其的伊斯蘭教勢力，以及，中國的清王朝勢力，助長了歐西海權時代的來臨。這時候，德國**萊布尼茲**的微積分，英國**牛頓**的物理學，法國**孟德斯鳩**君主立憲的三權分立、**伏爾泰**權利自由的天賦人權，以及，光學、化學、顯微鏡、蒸汽機，等等等等，都已奠基。

科學的文明，正在悄然地改變歐洲人的意識與認知。而英國沒流血的**光榮革命**，確立了憲法的概念與議會制度的實施，政治權力成為人群同意下的"社會契約"，給自由經濟的運作奠定堅實的法理基礎，英國更發行了歐洲第一個紙幣，資本主義就此造就了英國的崛起。（天下事物，不存在全然"自由"的狀態，連宇宙的真空，都還受制於物理規律。自由，永遠是相對的，權利與義務不可分。明清的經濟化，比宋元的經濟化，更"自由"，因為少了國家財政目的制約，但中國人經濟化雖早，經濟運作卻只是王權專制下的衍生物，經濟運作不是中國社會的主力，政治專制才是。明清兩代，民間的"自由經濟"，其實是王權專制、輕商、吏治腐敗、權力集團以商人為提款機的結果）

歐西在西元 18 世紀結束的時候，實力已經超越奧斯曼土耳其帝國的伊斯蘭教世界，以及，中國的清帝國。亟欲參加歐洲的俄國，很快認識到海洋機動的必要，雖然政治上"脫亞入歐"，但農業經濟上的農奴制，不久就被歐西的資本主義激化為農民革命的動力。

當然，這時段，歐西的海權與資本主義化還沒成長為巨獸，歐洲產品一時還競爭不過中國產品的性價比，東西兩邊暫時還沒有直接衝突。

於是，中國與歐洲的直接接觸，首先碰撞的竟然是中國王權與天主教神權。這是個饒富人性的故事。

按理，明清王朝的皇家，禮遇利瑪竇、湯若望、南懷仁等耶穌會傳教士，由來已久，這些葡萄牙耶穌會派來的教士，也確能融入中國士紳階層，傳播西洋知識與宗教。

偏偏這時的歐洲，葡萄牙是小國，法國是大國，天主教神權這時已沒落，政治平衡嘛，便開放法國教會也進入中國。

法國傳教士為了跟已經在中國根深蒂固的耶穌會別苗頭，就奏報天主教廷：指責利瑪竇以來 "入境隨俗"，中國教徒祭祖、祀天、敬孔，混淆了耶穌教的一神教義。那個糊裡糊塗的教皇，"下令" 禁止中國教徒 "偶像崇拜" 的行為。結果，本來開放耶穌會傳教的康熙大帝，晚年也下令禁教，但他的確喜歡西洋知識，並沒嚴格執行。

到了雍正，福建地方一起小事件，加上天主教攻擊佛教等 "異端"，惹翻了滿蒙草原尊重一切宗教的習俗，皇帝便嚴格禁教。耶穌教在中國，是這樣子被禁的，等到鴉片戰爭後再回頭，就有船堅炮利的陰影了，但中國人真正失去的是，跟歐洲人的直接接觸。

雍正任上，嚴格執行了三件事：

⊙ 更多的資訊與更大的執行力

擴大密奏基礎，大量文官實際必須將各地資訊奏報皇帝，雍正便依靠這些情報，比較及時地掌握地方與人員狀況。為了更準確的決策、更有效率的行政，雍正還新設軍機處，此後成為王權專制更核心的執行機構。

⊙ 整頓吏治，嚴格攤丁入畝

既掌握真實狀況，官吏與地主們便調皮不起來，地稅的徵收更實在，轉嫁給佃農或浮加規費的貪腐也大大減少。中央財政立馬增加了 300 萬兩銀的地稅。攤丁入畝的經濟效益也展現在墾田面積回復到近 890 萬頃。雍正之後的清代地稅，長期維持在 3 千萬兩銀左右。

雍正期間，政府財庫存銀一度積存達 6000 萬兩，歷次內外戰役後，留下給乾隆的仍有 2400 萬兩。

⊙ 改土歸流

長城以內，雲、貴、粵、桂、川、湘、鄂等地的少數民族區，取消世襲土司的割據，設立府、廳、州、縣，派文官直接治民。

雍正雖然仍未對國家機器進行數字化管理，但這些結構性的改善，給清王朝的盛世，打下紮實的基礎。嚴格攤丁入畝，當然妨害太多既得利益集團，於是傳統歷史記述所描繪的雍正皇帝，總有一大堆古怪離奇的傳說，大抵都是想抹黑他。。

雍正時期，文官統治的內縮跡象已經顯露，跟沙俄談判畫界，簽立恰克圖條約，未經戰鬥就主動退讓尼布楚條約規定的疆界的一小部分。

對抗準格爾汗國的戰役，清軍戰敗，隨後，準格爾試圖擴張到漠北蒙古，卻被喀爾喀部蒙古擊敗，於是清準和談，雙方畫定以阿爾泰山為界，清王朝只保有天山南路。

雍正唯一的安慰是進一步夯實了對青藏高原的管治，年羹堯和岳鐘琪肅清了青海和碩特部的反叛（這是黃金家族的蒙古部落，那時領有全部青藏），雍正設置西寧辦事大臣、拉薩駐藏大臣，分別管理青、藏。

西元 1735 年，雍正去世，乾隆 25 歲繼位，乾隆爺實際統治中國 63 年。

這位貫穿西元 18 世紀的統治者，繼承父祖輩留下來的龐大帝國，基本上，全用的老辦法。對權力的敏銳度，使得聰明而勤奮的乾隆皇帝，從即位至死，專權了 63 年。絕對的權力，對明代的嘉靖或萬曆，或許是一種負擔，所以倦勤。對康熙或乾隆，或許更多的是一種享受，樂此不疲。

管治漢地，一方面搞文治，蒐羅圖書，編四庫全書，但燒掉許多敏感的華夷之辯書籍。一方面繼續大搞文字獄、禁錮知識分子思想，有文化的人，除了考據和藝文，沒有什麼可做的事。漢儒文化所截取的青年孔子的思想，君君臣臣父父子子，在乾隆任上，得到最大發揮，不但結晶到讀書人大腦裡，而且成為平民百姓的日常生活規矩，逆倫，妻殺夫、子殺父、不孝、不忠之類，成為朝廷必辦的大案。

除此之外，官吏貪腐、顢頇無能之類，反而容易官官相護、過關。
清王朝本來就概括承接了明王朝的文官集團，沿襲的是明代的管治意識，採用跟明代類似的重農抑商、超低的稅賦和政府財政，結果是清代跟明代幾乎沒什麼兩樣的社會經濟與生活，墾田面積則終於開始超越明代水準，城鎮商業繁榮興旺。乾隆晚期，人口大大增殖，農村反而呈現窮困，移民海外的華僑數量激增，中國海盜也重現東南沿海。

應對草原和西南少數民族，乾隆沒少花軍費。西元 1750 年代，乾隆鎮壓想要取代政教合一的藏王、兼併分裂的準格爾汗國各部，直接軍屯伊犁、統治新疆。隨後，進軍川藏交界地區、將大小金川（即金沙江）改土歸流。

之後，進行了一場相當可笑的清緬戰爭，那時緬甸崛起，緬甸國王意圖統一東南亞，正在征服暹羅（泰國）的前夕，屬下將領竟然招惹中國、進攻雲南，乾隆輕蔑地派了一些部隊去肅清已經取得西式槍支的入侵緬軍。。。

交戰雙方都輕敵，便打了場曠日持久的戰爭，暹羅化了的汕頭華僑鄭信趁機驅逐緬軍，成為泰國國王，東南亞恢復原狀。最終，前線交戰的雙方將領，精疲力竭，不等各自的大老闆命令，簽訂和約，撤軍，惹得清緬帝王都不高興，18年後，緬甸主動遣使朝貢，清緬戰爭方才正式結束。好玩的是，現代看到雙方各自上報的和約內容，出入很大，顯示，那時候的清人已經開始忽悠上層。實際，清緬戰爭初期，清朝文武與滿漢官員，經常謊報軍情，乾隆發現以後才開始認真調兵遣將。

西元18世紀末，喀爾喀蒙古入侵西藏，被清軍擊敗。乾隆隨後駐軍、分治前後藏，確立了達賴、班禪的轉世和金瓶抽籤的辦法，西藏諸部政教合一、但外交與國防歸清廷。

乾隆時期的八旗，早已失去戰鬥力。清緬戰爭時，緬軍的西洋槍炮，是最後一個警鈴，始終瞧不起"南荒小夷"的乾隆沒醒過來，派去作戰的人馬，被瘴氣整得胡說八道，更看不清爽。草原祖輩，重視訊息的習性，到乾隆為止，喪失殆盡。

乾隆的"武功"，耗費了不少中央財政，但文官集團的腦袋卻不如宋代，原來四口通商的，內縮成一口通商，只留下廣州海關，而且由十三行承包、壟斷對外進出口貿易（這其實是廣東"官商利益共同體"操弄清廷政治的結果，行賄中央官員、遊說皇帝，硬把其他海關閉掉，以專斷海外貿易的利益）。乾隆和文官互相激盪小農經濟理念，無視於4倍於康、雍的關稅收入（這時已達500萬兩銀以上），以及，墾田農業與人口數量之間的惡性循環：西元1790年，中國人口突破3億，無論政府怎麼減稅（康熙1次，乾隆4次，減免全國地稅近3000萬兩銀），破產農民的造反事件已經層出不窮了。

西元 1774，湖北東部災荒，地方官員對賑災人數的密折，數字超過當地以往的人口統計總數，乾隆大怒，下令各省核實人口數字，開始實施保甲制度。清朝農業稅賦本來就不重，而隱匿的政治風險太大（有殺頭的可能），中國總算開始具備比較真實的人口統計數字。雖然京畿、塞外、臺灣的數字不在保甲統計的範疇內，乾隆至少錄得全國 2.65+億人口，西元 1794 年，人口激增到 3.13+億（前一年的乾隆諭旨提到全國 3.07+億人）。。。這時，內地糧荒、民變，已是家常便飯，糧價高居乾隆初年的 6 倍以上，漢人移民臺灣近 400 萬，東南亞各地也華僑遍布。鴉片戰後，海禁大開，連美洲都出現華人移民，清末全球華僑已不下 700 萬。

西元 1792 年，英國國王以祝賀乾隆 80 壽辰的名義，派馬戛爾尼使節團 800 人到北京，提出開放通商的要求，以及，包括座鐘、氣象儀、地球儀、天體儀、手槍、步槍、榴彈炮等 600 件禮品。乾隆震驚，但強自莊敬，讓陪同的文官 "透露"：這些東西，天朝也有的…，然後還為了英國人不肯覲見時三跪九叩而生氣（後經協商為，遞交國書時鞠躬、壽辰宴會上跪拜）。乾隆回贈中國傳統的絲綢、瓷器、玉器 3000 件，他不知道，馬戛爾尼在北京街頭看到一些乞丐，對中國虛實，自有定見，何況英國使團還另有觀察報告，敘述所經農村的人口密度：比當時歐洲最擁擠的地區還稠密。。。

這時候的歐洲情況是：

① 英國進行**第一次工業革命**已經 20 多年，將手工生產大量改造為機器生產，提升了產品的品質，更利用**瓦特**設計的蒸汽機做為機械動力，工廠的產能與效率，以及，英國經濟，都呈數量級增長，加速了歐洲資本主義金權的擴張。人類終於在人力、畜力和水力之外，利用上了自然能源（煤）來推動機器。

② 法國則從 1789 起，**法國大革命**，法國人民推翻了專制王朝，**民主、自由、平等、理性**（科學）成為法國人的旗幟。此後近 1 個世紀，法國成為人群理念的實驗室，其間經歷了各種意識形態的政權，一

再試煉各種國家機器軟體，包括各階層人群的共和、君主立憲的復辟、以及**拿破崙**的帝制。西元 19 世紀初，**拿破崙**一度使法國擴張及於全歐，最終敗於英、普魯士（後來的德國）等同盟。這是人史上最集中的國家機器試驗場，形成現代法國人鮮明的個性，影響極其深遠，法國人的理念旗幟，至今引領全球。

〈到了西元 1871 年，法國被被新興的普魯士王國打敗（普魯士王國在鐵血宰相**俾斯麥**的經營下，統一了德國），德國成為歐洲的新秀帝國。至此，法國人已經沒有繼續試驗的餘地，各階層勢力迅速凝聚國家機器為共和國，雖然巴黎工人短暫地成立了"巴黎公社"政府（人史第一個無產階級政權的嘗試）。此後，法國跟美國一樣，是資本主義金權主導的"民主共和國"。〉

乾隆一生，前半生努力夯實統治基礎，好歹落實了疆界。後半生任用寵臣**和珅**，文官集團報喜不報憂，加速折舊。明王朝震懾知識分子，朝堂上扒開褲子打屁股，多少還出點特例，還存在大腦清醒的菁英。清王朝震懾知識分子，用血淋淋的文字獄，而且羅織、牽連、累及親友。八股文取士，是跟明代學的，但清代幾乎不大出現腦袋清醒的菁英了。50歲之後的乾隆，自閉的程度，只有跟萬曆好比。

晚清（1799-1911）   漲破的晶體

乾隆跟他父祖雍正、康熙一樣，也感到人口增長的壓力，但也束手無策。當時的漢人知識分子，**洪亮吉**，從江南人均田畝數字的銳減、糧價的上升，感受到人口壓力，畢竟國家機器的疆域擴張已經停滯，可耕地已成定數，洪亮吉悲觀地預測到農民造反的現實性。

西元 1798 年，英國教士學者，**馬爾薩斯**，針對工業革命後的人口增長、失業、貧困問題，發表"人口論"，促使工商業時代的歐洲，正視人口增長、自然資源、人為經濟之間的諸多問題。人口普查、人均田地、人均產值等數字，很快成為現代經濟學的標準參數。馬爾薩斯實際提出可能的人為控制方式，包括晚婚、禁欲等等節育手段。這些〝西學〞未能傳入當時閉關鎖國的中國，較早的洪亮吉無法成為東方的馬爾薩斯。

乾隆死於西元 1799 年。以漢儒文化〝孝道〞治天下的乾隆，為了不超過祖父（康熙）的記錄（在位 60 年），西元 1795 年，在位 60 年後，讓位給兒子，**嘉慶**。留給嘉慶的家當，包括政府財庫餘銀 7000 萬兩。（嘉慶上臺後，乾隆以太上皇名義，又統治了 3 年，直到去世）

西元 1796 年，嘉慶剛繼位，立刻爆發了白蓮教民變，波及川、鄂、陝、甘、冀，清政府花了 9 年半時間、2 億兩戰費，方才平定。8 年之後，連年災荒的冀魯豫爆發白蓮教餘支的天理教民變，被敉平，但天理教徒一度攻進清皇宮。

嘉慶並非不思改進，他自己生活節儉、工作勤奮。

整頓吏治，首先拿和珅開刀，也殺了一些貪腐官員。但乾隆晚期的積弊，臣民的說謊、作假、散漫，吏治的腐敗，已經不是嘉慶可以醫治的了。

西元 1799 年，嘉慶流放敢於上書直言的**洪亮吉**，洪到達伊犁百日後，立被赦還，後來嘉慶還主動禁絕了文字獄，但還是更沒有人說實話了。。。

官員說謊、懶散的毛病極大，比如，西元 1816 年，英國再次遣使進京，由於趕路，載有英國國書和禮服的車輛沒跟大使一起到達，英方自然要求等會兒，中方外交官員竟然以大使生病來忽悠皇帝，嘉慶顯然另有情報，以為英使傲慢，大怒、取消觀見，實際那時候中國禁絕鴉片，雙方已經摩擦、並在廣州、澳門小小交過手了。

又比如，沿襲祖制，不准漢民移墾東北，但內蒙、伊犁就讓內地農民移入，墾田近 10 萬頃，而長期被包養的八旗子弟啥也不做、吃閒飯、增殖人口，士農工商的生計，一竅不通，嘉慶下令八旗子弟回墾東北老家，居然被抵制，不了了之。嘉慶諡號"仁宗"，中國歷代的仁宗，大抵都是行"仁政"、執行力不佳、跟吏治潛規則妥協的君主們。

吏治會產生潛規則、體制性貪腐，古今中外皆然。只要存在不受監制的專制，無論是政權還是金權，就一定衍生不受監制的吏治，以及相應的潛規則、體制性貪腐。

無非對長期王權專制下的中國人來說，吏治問題更加凸出，元明清三代，下官"孝敬"上司，早已成為習性。甚至督撫大員到中央部署辦事，明明是公事公辦，卻需要"活動經費"來疏通部署書吏，否則一定藉故遷延不決、辦不成事。(雍正就看出"部費"的玄機)

類似的狀況，也發生於現代的金權頂端，華爾街，是銀行、股市等金融資本不受監制的典型，整個"資本產業"自定遊戲規則，業內"官吏"(所謂"職業經理或經紀")特高薪水之外，吃香喝辣，體制性貪腐造成天文數字的"活動經費"，才會發生接二連三的"金融海嘯"。本質上，都是不同權力經濟下的"吏治"問題。

西元 1812 年，中國人口爆炸，達到 3.62+億。

嘉慶死於西元 1820 年，這年，中國人口 3.83+億，墾田近 1 千萬頃，所有山坡地，盡已墾殖為田，水土保持化為烏有，旱澇災情越來越嚴峻。在**洪亮吉**的著述裡，江南糧價，從雍正時期的每升 6-7 文錢漲到乾隆末年的 35-40 文錢，大旱澇時節，江南也餓死人。良田的地價，則從清兵入關時的每畝 2-3 兩銀、到乾隆中期的 10 兩左右，嘉慶之後，更飆漲到 50 兩。物價沸騰，稍有天災，小農經濟的農民首當其衝，賣田、成為佃農或流民，迫於生計，遠走他鄉，便只好加入會黨，騙、斂、劫、殺。

明清兩代的初期，吏治比較嚴謹，低的稅賦與政府財政，大抵實現了傳統中國小農經濟的理想。這使得中國人改朝換代的原因，變得相當清晰：分配不均，主要來自吏治的貪腐、以及統治王族的奢侈浪費，不當地剝削了小農經濟脆弱的剩餘。

明萬曆年間，史料記載墾田達到 750 萬頃，人口約 1.5 億，人均 5 畝，如果吏治清明，民間相對是可以生存而有餘的。

清雍正年間，史料記載墾田 890 萬頃，人口估約 2 億，人均還是近 5 畝，而吏治嚴格。到嘉慶中期的西元 1812 年，史料記載墾田為 970 萬頃，人口為 3.62 億，人均 3.2 畝，而吏治鬆弛。

傳統史料的墾田數據，並不完整，但恰巧傳統史料的數字，大致只涵蓋漢地 "小農經濟" 地區，亦即，稅賦的來源地，正好說明漢地農業人口爆炸的問題：**洪亮吉**測算的漢地造反底線是，人均 4 畝地，正是乾隆讓位之前 10 年的景況。

（現代考證，明清墾田數字，因涉及地稅，並未包含不納稅的邊地或政策傾斜的地區。確切田畝數字，比史料所列大得多，但傳統史料至少足夠說明漢地小農經濟實情。西元 1960 年代的中國困難時期，姚依林的調研也顯示，現代當下農民的存活底線是人均 0.5 畝地左右，相當於 1+ 清畝，化肥、農藥增長了生產力嘛）

嘉慶雖然努力，但沒抓到重點。

中央財政已因白蓮教的長期造反，陷於破產邊緣，但他還是毅然撥出 4 千萬兩來整治河患，並且在位的最後一年，做了清王朝最後一次減免全國地稅的動作。。。

實際，財政當然不會自然平衡，於是文官統治集團開始勒派：商人報捐、關稅加碼、鹽斤加價、公攤養廉，等等等等。這時候，民間當鋪已遍及城鄉，生意興隆，既是經濟繁榮的標誌，也是民生凋敝的信號，不僅官僚、地主、商人參與放貸，連軍隊、政府、皇家也投資入股。官鹽加價，使得私鹽走私興旺，回頭降低了政府鹽業稅收，商人報效與關稅加碼則最終影響商品漲價。無論農業、工商業，經濟的惡性循環，終嘉慶之世，如大火燎原，一發不可收拾。而貪腐的吏治，潛規則下的無形"稅賦"，使局面更加糜爛。

道光繼位之後，西元 1833 年，"中國人口"達到 3.99+億，人均 2.5畝，實質上，那時的清王朝已空前虛弱，但統治階層渾然不知，還自我感覺挺好的。

西元 1840 年開始的**鴉片戰爭**，實際是人史上，金權第一次凌駕政權的標幟。

那時候，明清的銅銀雙本位貨幣制度，政府財政銀兩本位、民間日常生活銅錢本位，已經沿襲了 260 年。中國商品外銷，只收銀兩，更已沿用 400 年以上。而工業革命後的英國，這時已經是海洋霸權（西元 1805 年，英國**納爾遜**艦隊，擊敗法國**拿破崙**與西班牙的法西聯合艦隊。**納爾遜**成為西元 19 世紀英國霸權的象徵），但英國經營東方商貿的東印度公司，對華貿易卻長期處於入超狀態，非法販賣鴉片毒品到中國，是東印度公司唯一可以平衡對華貿易的途徑。暴利之下，英國人選擇了非法的毒品生意。

西元 1838 年，外交部長**黃爵滋**上書呼籲清廷禁絕鴉片，當時的湖廣總督（轄兩湖）**林則徐**表態支持，奏告道光：若不嚴禁鴉片煙，將"無可用之兵、無可籌之餉"，於是，道光派林則徐前往廣東禁煙。西元 1839 年，林則徐會同兩廣總督（轄兩廣）**鄧廷楨**，在虎門銷毀東印度公司走私的鴉片煙 2 萬箱。

西元 1840-1842 年，第一次鴉片戰爭，成為歐西入侵中國的開始。東印度**"公司"**，力足以使英政府出兵、"正常化"毒品走私，這很能說明資本主義制度。

無需掉進"道德"的陷阱，人類的經濟活動，自有社會以來，分配的發生從來都是"權力經濟"。交易與掠奪，一直是草原或海洋機動文明的生活方式，打得過的時候，搶東西，打不過的時候，換東西。比較固定的農業文明，王權專制，靠統治的權力，進行剝削、分配。在草原游牧、海洋貿易、農業定居之間，國家機器可以有多樣的農牧商成分，形成許多不同的混合文化。即使在同一個國家之內，人們也各有不同的思想。

鴉片戰前的英國議會，僅以些微少數票決通過對華開戰，後來四次出任英國首相的**格萊斯頓**在當時的議會反戰說："在人類歷史上，我還從來沒有見過如此不正義、並故意要使國家永遠蒙受恥辱的戰爭"。但資本主義國家，**公司**的利益，就是**國家**的利益，而人類演化出國家機器，原本就是"權"與"利"、而不是"道德"的目的，跟什麼主義無關，也跟什麼民族無關。不會因為是英國人搞的，就"更不道德"。當今中國的食品摻毒物、商品摻假料、污染灌進地下水層，也不能因為是中國人搞的，就"應予容忍"。。。

我們倒需要從第一次鴉片戰爭，看看那時候的中國人出了什麼狀況：

林則徐，一到廣州，立馬就組織人手，蒐羅外文書報、翻譯外面資訊、編印成冊，成為近代中國第一批介紹歐西的文書。並積極備戰，練兵，購置西洋火炮，搜集西洋船、炮圖紙（準備仿製），幾次上書分析英國可能的戰略、要求中央政府下令沿海各省備戰（但清廷置之不理）。林則徐的務實，使得在他短短的任上，英軍打不進廣東。

英國方面，顯然相當瞭解中國。英軍發揮船大炮利的作用（這時候仍是帆船時代），封鎖廣州、廈門海口，攻佔定海（舟山），陳兵天津，直接恫嚇北京。孬種的道光，果然害怕戰火逼近北京，很快便撤了林則徐、鄧廷楨的職，改派滿官。於是，英軍再南下陳兵廣東，西元 1841 年初，攻佔虎門，進圍廣州，向商行勒贖 600 萬兩銀元而去。

而滿官竟然將慘敗上報為"大勝"。

這時候，英政府已經看穿了中國紙老虎。這個不宣而戰的鴉片戰爭，轉而成為一場純粹的劫掠，胃口也變大了，增兵，擴大搶掠範圍，反正前此在炮火下簽立的臨時和約，清廷也還沒正式批准。於是，後繼的英軍長驅直下浙東沿海各城，西元 1842 年直逼南京，最終在英軍旗艦上簽訂了**南京條約**。戰敗國割地、賠款、懲凶（林則徐被流放伊犁）是當然的，但強迫開放廣州、廈門、福州、寧波、上海（五口通商、並設領事館）、共同協定進口關稅（等於英方鉗制中方海關稅率）、領事裁判權（英國人在中國犯罪不受中國法律制裁）3 項，是明顯的**不平等條約**。第二年，又追加 1 項**最惠國**條款。

五口通商的 5 個港口，尤其是長江口的上海，成為列強進入中國腹地的基地。各口的租界讓中國人直接接觸到西洋事物與知識，上海地區很快變成中國最早現代化的地方。

整個第一次鴉片戰爭過程，清廷、文官統治集團、中國人，完全麻木，既沒有動員全國抗戰，也沒有徵召比較瞭解洋務的閩粵台海洋中國人，以瞭解西洋情況。戰敗後，除了敲醒林則徐、魏源等少數知識分子的腦袋（開始注意西洋的進步），其他人居然繼續自閉自大。。。

很人性地說，入關的“滿人”至此，對於繼續掌權統治，完全失去安全感：熱兵器時代，滿蒙八旗已經沒有戰鬥力，漢人雖已奴化、但數量太大，而完全漢化了的“滿人”統治者，不相信臣民、也不相信自己，絕大多數中國知識分子的腦袋則已僵化。

南京條約簽訂後，英國當然不可能獨享中國這部提款機，歐美各大小國家通通趕赴中國盛宴，清廷則一概與之簽立不平等條約。簡單說，就是不平等地開放中國市場，任由歐美各國金權的掠奪。金權，很完美地藉鴉片戰爭，展現了它對政權的操控。

15 年後，英法便找個藉口，發動了第二次鴉片戰爭，合法化對華的鴉片毒品貿易。

西元 1850 年，道光死，**咸豐繼位**。西元 1851 年，**洪秀全**領導**太平天國在廣西起義**。西元 1853 年，太平天國軍攻下南京，定都，改稱<u>天京</u>，這一年，受太平天國影響，北方<u>捻軍</u>起義。

西元 1853-1856 年，英法土 3 國跟俄國進行了<u>克里米亞戰爭</u>，俄國戰敗，轉向東方發展。西元 1857 年，英國鎮壓印度民族起義後度，流放<u>蒙兀兒帝國</u>末代皇帝，統治全印度。

太平天國起事那時，中國人口達到 4.3 億。

道光年間屢次下令禁煙，我們沒有確切數字來說明鴉片對那時候中國財政的影響，大抵每年從出超 300 萬兩銀變成入超 300 萬兩銀，估計嘉慶以來，流失白銀 5 千萬兩以上。然而，清政府正規財政收入，直到第一次鴉片戰爭結束，始終維持在 4000 萬兩銀左右，包括關稅，都沒怎麼改變清初以來的數字。

嘉慶年間的內亂、賑災等等，至少花費 2 億兩，乾隆給他留了 7000 萬兩，他又給道光留了 3000 萬兩，那嘉慶、道光的戰費從哪裡來？

答案：**捐官**，賣官位的收入。這是從順治就開辦的、對清政府軍費等無以預算的開支的一項補助措施，因此，清代入仕，除了科舉，平行的還有<u>捐納制度</u>。傳統清史料，根本不談捐納制度，引以為恥，乾隆晚年看出"羊毛出在羊身上"的弊病，曾訓令禁止、永不開捐。但嘉慶、道光兩朝，地主、官僚、商人的捐納數字，絕不少於 2 億兩，通通都轉嫁到租金和物價。更窮困的人民、更緊缺的銀根、更高的物價，老百姓能不造反嗎？

道光幾乎沒給咸豐留下什麼庫銀，也許百萬兩不到，咸豐政府，可謂一貧如洗。

咸豐繼位後，加收厘金（貨物稅），1%左右；關稅當然也增加。平定太平天國的 13 年內戰期間，估計共耗費社會資源 8+億兩銀，從史料數據估計釐金、關稅各增收約 1+億兩，中央財政不足之數全靠賣官的捐納支撐，每年應不下 5000 萬兩。

嘉慶之後，直至清王朝覆亡，大約 100 年間，釐金、關稅、捐納、鹽課的總數當不下 20 億兩銀，這也就是中央財政預算外的軍費、賑災、治河、賠款的總額，老百姓平均每年額外負擔 2000 萬兩銀。加上吏治潛規則的，稅外之稅、賦外之賦，大約跟正規財政的數字相當，也就是正規、不正規的每年各 4000 萬兩。羊毛出在羊身上，大致，晚清漢地老百姓真正的負擔，總計是每年 1 億兩銀數量級的有形、無形的稅賦。對人均 2.5 清畝的 5 口之家小農而言，是連存活都有問題的。。。

西元 1857-1860 年，**第二次鴉片戰爭**。

先是早前南京條約的續約談判，英方提出無理要求，被清廷拒絕。於是趁清王朝內亂、焦頭爛額之際，英國藉口海盜追捕事件、法國藉口傳教士被殺事件，西元 1857 年底，英法聯軍 1 天內攻下廣州，俘虜了兩廣總督葉名琛。

實際，一年前英軍就已經進逼過廣州，當時葉名琛處理海盜追捕事件，還據理力爭，令英方束手。但清廷因為兵、餉具缺，密令葉"息事寧人"。葉名琛只能盛裝、坐以待俘，英軍把他囚送印度，關在籠子裡，賣票觀賞，不久死在印度。後來有個刻薄他的對子：

> 上聯：**不戰不和不死不降不走**
> 下聯：**似戰似和似死似降似走**
> 橫批：**涅槃境界**

這其實是滿清末年絕大多數中國知識分子，以及，中國人的真實寫照。葉名琛，比那時候絕大多數稍觸即潰或望風而逃的部隊官兵好太多了。

西元 1858 年，英法與美俄 4 國公使在上海集結，兩個強盜、兩個準備趁火打劫，一起商量怎麼壓榨中國。兩江總督的反應很中國式：請他們回廣州談。但強盜團夥更有高招，率鐵甲艦隊上天津（這時候，蒸汽機已經裝備到船上，木帆船換成了鐵甲艦），輕鬆打下大沽炮臺，咸豐連忙派員到天津，跟 4 國簽立<u>天津條約</u>。對英法賠款，其他的不平等條款則"一體均霑"：增加十個通商口（實際也是，增加領事館）、北京設大使館、傳教士得在內地自由傳教、美俄也可在內地自由旅行或經商、長江開放洋船通航。另外，約定在北京換約（蓋印簽字的正式條約），對俄另加共同查勘邊界條款。美俄不料如此容易得手，不久便跟清廷交換了條約的正本，清政府還當美俄為"調停友人"。

但英法卻覺得中國提款機錢沒取夠，正琢磨間，咸豐自己送上來一個藉口。咸豐既不備戰、也不動員全國抗戰，卻指令談判人員：要求取消大使駐京、長江通航、洋人內地旅遊等條款，並且不要到北京換約。英法聯軍二話不說，西元 1859 年，回頭再度進攻大沽，這時咸豐已經換將，英法聯軍艦隊跟大沽炮臺的炮戰，被有備的**僧格林沁**挫敗，清軍炮隊擊沉多艘敵艦、擊斃英艦隊司令，清軍取得整個鴉片戰爭唯一一次的小勝。

西元 1860 年，英法重新集結重兵，攜同美俄"調停人"一道，封鎖渤海灣，英軍佔領大連、法軍佔領煙臺。然後登陸塘沽，迂迴攻下大沽、天津，於是，咸豐急忙派員議和。英法既已存心劫掠，當然條件談不攏。這支不到 3 萬部隊的英法聯軍迅速進攻北京，焚掠**圓明園**，咸豐倉皇北逃。最終簽訂<u>北京條約</u>，對英法賠款增至各 800 萬兩，英法得從中國招募華工出國，加開天津為通商口岸，並規定中國海關的出口稅率為 5%、進口稅率為 2.5%。

更搞笑的是，跟美俄"調停人"也簽北京條約。俄"調停人"敲竹槓，空手道就攫取了黑龍江以北、巴爾喀什湖東南，150 萬平方公里的大片土地。

英國東印度公司走私販賣鴉片毒品到中國，英政府經過前後 20 年的侵華戰爭，終於將毒品買賣"合法化"，並透過戰爭的掠奪，搶走超過3500萬兩銀子（有案可稽的賠款和勒贖）。並聯合列強，迫使清廷成為歐美在中國的最大"專業統治人"，北京條約簽字後，清政府迅速設立總理各國事務衙門，實際是列強大使操控中國政治的接口單位。

對中國人而言，這些其實不是太新鮮的政治事物。有點像五代十國的華北，滿清末年的清廷，不過是個後晉石敬瑭的角色，英國或列強也就是新興的遼帝國的位置。遼扶植後晉，仍不免於遼征晉之戰，列強可以扶植清廷統治中國，也不免於八國聯軍征清之戰。

但那時候的中國人，絕大多數似乎喪失理性，進入活死人的涅槃境界，居然看不到教訓：只要認真積極備戰，侵略軍便不能得逞，林則徐與僧格林沁就是例子。

歐美政治話語，非常熱衷於粉飾鴉片戰爭為"商業戰爭"，其實沒有必要。以槍炮來走私毒品，本來就是"海盜"的行為，用海軍來進行商業，跟草原汗國殊無二致。

事實也就是那樣發生的。蒙古汗國會征服、掠奪，但說到做買賣，強買強賣畢竟不是常態，交易嘛，買賣雙方更多是自願的。不平等的買賣、存心害人的買賣，做不長久。連蒙古汗國都明白這個道理。蒙古人絕不會把對世界的征服、掠奪說成"商業戰爭"，西班牙人也絕不會把對美洲的征服、掠奪說成"商業戰爭"。

"交易 + 掠奪"、"統治"，本就是海洋或草原、農業部族的習性，教化的圈套。現代人神聖化"商業"，跟草原人神聖化"征服"、中國人神聖化"道統"，沒有差別。當農業文明主導的時候，中國的道統文化風行亞洲。當蒙古汗國主宰世界的時候，征服成為時尚文化。西元17世紀起，歐西新興的資本主義宰制全球，商業至上，利潤第一。

然而，歷史證明，人群的教化趕不上人群自身的變化，人類的文明畢竟是動態演化的。商業文化，也跟人類過去的諸多文化一樣，面臨人群自己製造出來的許多問題，這個軟體必然也會被更換。現代人已經意識到，利潤不是人類存續的唯一因素。

現代文明，科學，才真正是人類演化上的大項。現代的科技，從前各地的技藝與商品流通，都是互相刺激、平行發展的因素。這些積累，促成了科學成為現代人類的重要文化基因。科技與科學，是人人願意接受的東西。早先的利瑪竇、湯若望等等，後來的牛頓、達爾文等等，都是以科學知識贏得中國人的尊敬與學習的。

商品或信教或制度，都不是霸力可以傳播的，文化嘛。商品僅只一個核心競爭力，就是**性價比**嘍，性能、品質，當然包括誠信。西方科技發達後，規格化量產價廉物美的產品，自然行銷全球。現代日本，二戰戰敗後，無需海軍護航，日本產品照樣全球流行。

性價比才是真正的〝商業戰爭〞。而現代的〝核心競爭力〞，除了性價比，還要講究生態與環保、節能。

鴉片戰爭的過節就說到這裡為止。鴉片戰爭結束時，太平天國已經鬧了10年。

洪秀全，是個4次科考落第的農村塾師，科考失敗，令他拋棄儒家經典，把孔子牌位換成上帝牌位，半部論語治天下換成以耶穌教的宣傳冊子打天下。他其實未曾入過洋教。

洪秀全並未讀過耶穌教經籍，但他創立拜上帝教，凸出**耶穌**原本的平等精神，入教的徒眾，都是平等的兄弟姐妹，正合那時人口爆炸的中國的需要，尤其是西元1853年定都南京之後，頒布**〝天朝田畝制度〞**，構思計口受田（不分男女）、剩餘歸公（除生存所需之外，皆入〝國庫〞）、鄉官自選（鄉民每年選舉出地方官）、福利社會（喪失生產能力的人、婚喪生育等等，都由國庫開支），基本上近於廢除私有資產制度。這個

74

"自來紅"的耶教案例，實際則完全沒有施行，形同政治詐欺。

西元 1859 年，又頒布**"資政新篇"**，構思基本上全盤西化（工商資本主義，以英國為師），禁酒、禁煙、禁佛道、禁奴隸、禁殺嬰、禁遊手好閒，設立新聞館、醫院、養老院、孤兒院…，這些仍然僅只是太平天國的政治文宣話語。不過，倒是樸實地反映了那時候大多數中國人的欲求（3.5 億人以上吧），應該也是直到今日全球絕大多數人類的欲求。

太平天國並沒有嚴謹的邏輯與完備的知識和資訊，只是道出了人們的心思。

以太平天國實際的建制看，當然還是打天下、佔有天下的套路，並且還是原始王權兼神權的色彩。做為打天下的暴力集團，他們的意志、組織、方法、策略、執行，比朱元璋或多爾袞差太多了。攻下南京後，眷戀城市，不久就發生嚴重內訌，隨後的內耗，大大折損了太平天國的實力。

無可戰之兵、無可籌之餉的清王朝，倚賴漢地自保的團練，**曾國藩**的<u>湘軍</u>，來抵擋太平天國的擴張。

曾國藩僅只運用既得利益階層害怕改變遊戲規則的心理，屢敗屢戰，很快摸索出籌餉、練兵、作戰一套完整的辦法。清廷便授權曾國藩總攬蘇浙皖贛 4 省軍務，曾國藩則分兵**左宗棠**經營浙江，並派**李鴻章**另組<u>淮軍</u>，經營蘇東。湘淮兩軍跟<u>洋槍隊</u>的聯合作戰經驗，使湘軍、淮軍系統的漢臣，成為晚清<u>洋務運動</u>的主力。

西元 1861 年，北逃的咸豐死在熱河（承德），5 歲的**同治**繼位。權力欲極強的老媽**慈禧**太后，迫不及待的聯合咸豐弟弟，<u>恭親王</u>，發動政變，滅掉咸豐指定的輔政大臣<u>肅順</u>等的勢力。**慈禧**垂簾聽政，大權獨攬，專權達 47 年，幾乎貫穿到清王朝覆亡。

協助慈禧奪權後 4 年，恭親王也靠邊站。但年輕的恭親王經歷鴉片戰爭的洗禮，認識到"師夷之技以制夷"的重要性，跟曾、左、李、**張之洞**等結成洋務派，主張"中學為體、西學為用"。歐西列強的回應，則是支持清廷滅太平天國。

第二次鴉片戰爭結束後，西元 1861 年，英國派員到南京試探跟太平天國聯合滅清的可能性，被洪秀全拒絕。至此，歐西列強堅定了扶植清廷的決心，在上海原有的美國人主持的洋槍隊基礎上，派英軍將校把洋槍隊擴編成 5000 人的<u>常勝軍</u>，協同清軍作戰，將太平軍逐出上海、蘇州等地。

西元 1864 年，湘軍攻下南京，屠城，太平天國亡。功高震主的曾國藩，很低調、巧妙地逐漸淡出政壇，分散湘軍勢力，凸出淮軍，讓年富氣盛的李鴻章扛天下之重。西元 1868 年淮軍消滅了捻軍，漢地內戰基本結束。

西元 1867 年，**左宗棠**受命平定陝甘青的回亂，2 年後基本結束。但新疆各地割據，帝俄攪局之外，強佔伊犁，西元 1875 年，63 歲的左宗棠受命西征，第 2 年湘軍出關肅清北疆，第 3 年肅清南疆，然後湘軍在新疆備戰，西元 1880 年，68 歲的左宗棠帶上棺材，出關，率軍前往伊犁，準備與帝俄決一死戰。但他在哈密被召回北京，因為中俄談判、帝俄歸還伊犁。。。

中國人只要有意志力、積極備戰、廣蒐資訊、邏輯清晰，老外並不可怕，這才是"師夷之<u>技</u>以制夷"的技，<u>技與計</u>，分不開的。左宗棠是晚清極其少數的明證之一，他的西征功課之一，便是帶上老友**林則徐**當年在新疆繪製的地圖與風土人情的報告，至少提供比較確切的資訊。左宗棠回到北京，大受慈禧和李鴻章的疑忌，後來法國想獨吞越南，中法開戰，福建水師全軍覆沒，就派左宗棠去福州頂住，第二年，73 歲的左宗棠病死在軍務任上。但包括臺灣、廣西、北越戰線，法軍實際敗給左宗棠轄下的湘軍。

然而，李鴻章照樣對法國割地、賠款⋯，慌懼亂套，要嘛無知，要嘛有奇怪的私欲。同是洋務運動主力的左宗棠、李鴻章，李鴻章就比較小鼻子小眼睛的，自私自利，不像曾、左那樣磅礴、深遠。近代中國，無湘不成軍，但清末到民國的軍閥，大多是李鴻章的淮軍系統。近代中國的辛亥革命、共產黨革命，公天下之心，湖南人表現特別凸出，曾、左之外，繼續出了**譚嗣同、唐才常、黃興、宋教仁、毛澤東**等大批人才。

在慈禧老媽專政下，同治戰戰兢兢地只活了 19 歲，西元 1875 年，同治病死，慈禧從近支宗室裡，選立了自己妹妹的兒子，4 歲的**光緒**，繼位。

慈禧繼續專權。統治策略極其簡單，重用漢臣、聯洋制漢、挾守舊派制洋務派。這個女人毫無治國理念，只有操控權力的欲望。王權專制的弊病，再次顯現。

第二次工業革命　　西元 1866 年

第一次工業革命讓人類用燃煤產生蒸汽動力的百年後，歐洲更加科技化。西元 1859，英國**達爾文**的物種起源，揭櫫生命的演化論，影響極其深遠，造就現代生命科學的基礎。物理學方面，西元 1831，英國法拉第發現電磁感應現象，西元 1888 德國赫茲發現電磁波。在人們完全理清電學之前，電，做為能量輸送的最便捷方式，立即被廣泛應用。

西元 1866，德國西門子研製出第一部發電機，歐美迅即進入電力時代，第二次工業革命開始。能源轉化成產生電力之後，電動機、電燈、電話、無線電等各種電器產品的發明，更使得生產機械得以自動化，生產力突飛猛進。

西元 1867，瑞典諾貝爾研製出高效炸藥，其後更研製出無煙炸藥，大大促進了槍炮工業。西元 1880 年代，也是化學工業飛躍的年代，研製出有機化學的氨、苯、塑膠、人造絲等化學產品，很快成為人們日常生活的必需品。

西元 1885，德國<u>本茨</u>用電點火的內燃機製成第一輛汽車，就是現代賓士汽車的起源。西元 1903，美國<u>萊特</u>兄弟發明了飛機（以內燃機為動力）。汽油內燃機的廣泛應用，使得石油產量呈數量級增長。石化、機械、電力，都成為標幟性工業。

西元 19 世紀後期，科學研發與理論，已經直接成為人類技術與生產力的最大推手。人類的智慧終於開發到了理解"天道"的地步，從此能以大量利用大自然的一切能源（當然只限於人類智慧能夠掌握並轉化的能量），這是智慧的又一次量子飛躍。

日本明治維新　西元 1868 年（清同治 7 年）

太平天國打下南京的西元 1853 年，美國軍艦開進日本東京海面，強迫日本開國。第二年，實質統治日本的德川幕府政權被迫與美、英、俄、荷蘭等簽訂"親善條約"，鎖國體制崩潰。西元 1858 年，德川幕府跟美國簽立"修好通商條約"，反幕勢力趁機發動"尊王攘夷"運動，幕府當然鎮壓、殺害運動人士。但幕府控制力較弱的西南諸侯，繼續聯繫皇家、鼓吹尊王攘夷。西元 1863，長州藩的武士（武士都是知識分子）<u>高杉晉作</u>等激烈行動，火燒英國使館，並炮擊美、法、荷船艦，迫使德川幕府宣布<u>攘夷</u>、封閉港口。至此，英美法荷軍艦開始進攻西南諸侯，德川幕府則恢復鎮壓運動人士。（<u>高杉晉作</u>，曾於西元 1861 被派往上海考察，目睹鴉片戰後中國的虛弱與麻痺，大受刺激，決心根本變革日本<u>體制</u>，成為<u>倒幕、維新</u>最主要的推手，但這時仍以<u>尊王攘夷</u>為號召）

西元 1865，<u>高杉晉作</u>再次舉兵，號召轉向為"倒幕尊王、開港維新"，但兵變失敗。西元 1867，年輕的日皇<u>明治</u>繼位，立即密令長州藩等倒幕。次年，德川幕府奏請"大政奉還"，明治反而下令幕府"辭官納地"，逼幕府造反。隨後，倒幕派主力的長州藩與薩摩藩，以 1 對 3 的劣勢兵力，在皇城京都擊潰幕府軍，末代幕府將軍退走東京。西元 1869，明治以武力統一了日本，遷都東京，立即執行王權專制，廢藩置縣，建立戶籍制度，並改用陽曆。後來，諸多藩閥間的權力矛盾引發短暫內戰，被政府軍敉平。

明治政府從成立起，持續推行新政，沒有間斷。維新重點：

⊙ 實施義務教育，全國公立學校總共 8 所大學，256 所中學，53760 所小學。使知識分子充分就業，傳播知識、並以原有宗教神化王權。此外，大量派遣留學生到歐美學習，翻譯大量歐西書刊、資料。

⊙ 西式君主立憲，但政權與議會藩閥化。**法**式刑法，混合**法**、**德**式民法，美式商法。**英**式海軍、**德**式陸軍。徵兵制，20 歲以上男子一律服兵役，3 年役期＋9 年預備役。

⊙ 設立日本銀行（中央銀行），統一貨幣。明確土地私有，抽取地稅。興建新式鐵路、公路，西元 1872 年，第一條鐵路通車，此後鐵路裡數迅速增加。

⊙ **殖產興業**：發展西式工商業。廢除工商行會制度和壟斷組織，廢除內地所有關卡。招聘歐美專家，引進西方工業技術，建立紡織繅絲等示範工廠，推廣科技應用。

⊙ 明治改造出一個表面上全盤西化的日本，實際是個軍、工（冶金、開礦、兵器製造）複合體的軍國主義王國。明治之後，日本軍事相關預算達政府財政之半的數量級。

慈禧任內，怎麼說呢，還是拿湘淮軍做例子吧。 曾國藩、李鴻章，以一介文官，做到出將入相，但也就只能是"師夷之技以制夷"的見識與格局，而他們已經是那時候相當凸出的中國知識分子。曾國藩幕府裡，當然有勸他趁勢奪取天下的師爺，也有自學成材、看得出西方並非結晶化的中國士人想像的"蠻夷"的師爺。最終曾國藩拿勸他取天下的師爺的人頭，向慈禧的清廷表態，並推出李鴻章去扛天下之重，不知道這算是曾國藩的"智慧"、還是李鴻章的"沒有智慧"？

合理的解釋，或許曾國藩有自知的智慧，知道自己沒有真正的能力改變中國人，全身而退算了，而李鴻章沒有自知之明，不知道自己除了當大官之外、並沒真本事促進中國社會發展。

孔儒文化的精髓，要求知識分子"以天下為己任"，當然，知識分子也要吃喝拉雜睡，權力和物質欲望是免不了的，中國的洋務派成為主流的同時，造就了許多"有錢人"和"超級買辦"，就是沒有真正的"專家"，更沒有"西學"。。。

至於日本，雖然那時幕府"鎖國"也有相當日子了，但日本社會從來不是小農經濟的結晶體，海洋，一直是日本島國的生存所需，歷史上的海盜、交易，就不說了，至少漁撈必不可少（蛋白質的重要來源）。。。

西洋武力來敲開大門，中日統治階層的知識分子的反應，如斯不同。慈禧得以長期掌權，是她的運氣，不是她的本事。她躺在那時候中國人結晶化的腦袋上。

有什麼人民，就有什麼政府，這也是辯證的。

那時代的日本知識分子以同樣的孔儒文化精神，倒幕開港派推動了明治維新，當然也造就了許多"有錢人"，但日本從此也有了新興的工業、專家，以及，西學。

日本士人大量翻譯西方文理法商工的書籍，現代漢語70%以上詞彙是日本知識分子的成就。而為了抵抗歐西文化的入侵，日本士人甚至把孔子神化、升格為神，立孔廟祀拜，真正成為東亞特有的"孔教"。。。

針對西方的（科學文明＋海洋機動＋資本主義），只能說：
中國的（小農經濟＋儒文化），不靈。日本的（海洋機動＋儒文化），靈。
境況：日人的思維並未全然西式資本主義化，但吸收了科學的文明。
　　　華人的思維倒是完全西式資本主義化（自私自利、拜金），但沒吸收科學的文明。

從今天回顧，19 世紀中葉那時，西方帶給中、日知識分子的最大震撼，自然首先來自"船堅炮利"。鴉片戰後的東亞，各自的洋務運動，無不首先焦聚於軍事改革。

中國的洋務運動，向歐洲購買了大量軍備，一時之間，中國部隊成為亞洲最大的陸海軍，但中國知識分子說謊、作假、散漫、貪腐的習性依舊，中國社會依然是小農經濟的孑遺，城鎮人和文化人架在龐大而近乎原始的農村人口之上。

日本的洋務運動（維新），購置歐洲軍備的數量，當然一時無法跟中國相比。但日本人同時也認真引進了西方的軟體，包括制度、技術、學校、工業化，以及，科學、數據化的管理。對於西方資本主義式的經濟運作，利潤掛帥，日本維新也依樣畫葫蘆，很快就引領日本跟歐西一樣，必須以槍炮打開"市場"、維持經濟運轉，這是資本主義的必然。

日本維新初期，占人口比例 75%的日本農民，首當其衝，更加貧困、甚至賣兒女為奴為妓。到了西元 1890 年，日本過剩的工廠與生產，引爆了日本第一次經濟恐慌。金權肆虐，日本軍國主義政權不知不覺淪為工具，自然地跟隨歐西列強腳步，掠奪中國的市場與資源。

日本的維新，政治上，其實只是開辦一個跟草原帝國類似的軍事王國，只不過機動方式不是游牧騎兵而是西式船艦車輛。

維新不久，便入侵臺灣、兼併琉球、入侵朝鮮，這並非探路，但認證了中國人確實處於相當麻木不仁的狀態，清政府對日本的擴張，反應如下：

◆ 臺灣省被入侵，日軍實際已撐不下去，卻在歐美列強"調停"下，清政府以 50 萬兩銀子購取日本撤軍。

◆ 藩屬琉球被吞，摸摸鼻子，默認。

◆ 藩屬朝鮮被入侵，**袁世凱**率駐朝清軍擊敗日軍，但中日談判結果竟是：兩國同時從朝鮮撤兵，將來派兵入朝應先互相通知、辦完事就撤回。等於確定日本可以派兵入朝。

於是，日本政府便擬定了侵韓、侵華、侵亞的政略，中國提款機成為主要目標。

西元 1894 年，日本明治維新才 26 年，朝鮮內亂，中國向朝鮮半島增兵，並知會日本。當時的日本，正被其國內的經濟蕭條搞得焦頭爛額，立刻"賭一把"，藉機擴大事態。現代能看到中日當時的文檔，日本是故意推動**甲午戰爭**的，包括運用外交上的欺騙。

以日本的有備對中國的無備，海戰一開始接觸戰時，中國的軍官們照樣無恥地謊報或誇大戰情，以敗為勝。李鴻章大概明白此中玄機，但一廂情願的想保存"自己的"北洋艦隊實力，結果當然可以預料，北洋艦隊全軍覆沒，日本陸海軍如入無人之境。

西元 1895 年，日本"指定"中國必須派李鴻章為談判代表，李鴻章便灰溜溜地到日本簽下**馬關條約**，割臺灣＋巨額賠款，並引發俄德法 3 國干涉日本對遼東半島的強佔（那時候，這 3 國都已各占了山東、遼東一些地盤），中斷了日本從侵韓、侵滿蒙到侵華的步調。此後俄國加速擴張到中國東北，這就是 9 年後日俄戰爭的原點。

西元 1896 年，情急但依然對西洋無知的李鴻章，居然幻想聯俄制日，到莫斯科跟俄國人簽立**中俄密約**，以東北建築鐵路的路權，交換中俄聯盟以對日。第二年，俄軍便強佔旅順、大連，隨後"租借"整個遼東半島，整個東北淪為俄國勢力範圍，老俄"調停人"就這樣兵不血刃，成為甲午戰爭最大的實質獲益者。同一時間，德國也強佔山東青島。

清末至此，慈禧、李鴻章等雖繼續麻痺，但一些青年知識分子倒被刺痛的有點知覺了。甲午戰爭那年，西元 1894 年，28 歲的海歸**孫中山**上書李鴻章，提出改革的主張；上書給李鴻章的人多啦，以李鴻章的程度，當然相應不理。同年 11 月份，孫中山便到達夏威夷，組織**興中會**，正式以推翻清政府為宗旨。鴉片戰爭以來，半個世紀，中國人終於開始甦醒。由海歸的孫中山，以及，華南老廣們起頭，很自然，畢竟珠江三角洲長期以來，便跟西洋接觸，有一點海洋中國的氛圍。。。

西洋 1895 年，興中會動作很快，成立 1 年內就試圖廣州起義，但洩密，還沒動作便被清政府搜捕殆盡，白白犧牲了一些青年才俊。

這年 4 月，李鴻章一簽下馬關條約，內容迅即傳到北京（西元 1871 年起，中國已有電報線），排斥馬關條約的各地官員與知識分子連署的奏摺，立即紛紛到達清廷。

當時正赴京參加科考的舉人們，康有為、梁啟超也帶頭上書清廷，請求拒和、遷都、變法，號稱連署的舉人超過千人，然而這個上書從未送到傀儡皇帝光緒手上。但康、梁立即會合當時菁英知識分子沈曾植等（清末百科全書式的大儒，**王國維**的老師）創辦**強學會**，有意識地運用新聞報刊的形式，鼓吹變法自強、君主立憲、維新等事物。

雖然強學會 1 年後便被清政府解散、改編為譯書局，但強學會相關或啟發的各地議政團體，會團、報社、新式學堂等，風起雲湧，3 年內達到 300 多個，包括湖南譚嗣同與唐才常的南學會。。中國人似乎突然興起政治狂熱，經常發表政論的康、梁名聲大噪。實際，當然也是報刊媒體的作用，中國人開始嘗到資訊傳播的厲害。

興中會與強學會，此後發展為清末的革命黨（行動派），以及保皇黨（改良派）。

革命黨主張推倒重來，建立新體制。保皇黨認為中國人都想當皇帝，亂，不如君主立憲。。。

那時候的中國人，才剛剛開始睜開眼，還要摸索很長一段時間，方才學會教訓。那時候的中國青年知識分子，提著腦袋瓜搞政治，還沒理清什麼"派"，人頭掉了。但變革或革命的浪潮已勢不可擋。

西元 1898 年，已經被慈禧壓抑了 23 年的青年光緒皇帝，也熱血沸騰，不甘做亡國之君。他召見並重用康有為、向慈禧要求實際權力、任命**譚嗣同**等參與新政，在虛幻的"戊戌變法"103 天"維新"期間，竟下達 110+個改革相關的旨令，大抵跟日本、俄國變法的內容類似。然而，地方官僚，包括張之洞、李鴻章等洋務運動大員，沒有一個鳥光緒的。慈禧則早已部署怎麼收拾光緒。當光緒感覺到危險時，密令康、梁等人迅速離京，後來慈禧囚禁光緒，逮捕數十名"新黨"，並斬殺**譚嗣同**等<u>戊戌六君子</u>。

中國的維新，還沒開始，就已結束。戊戌變法，變成慈禧的"戊戌政變"。此後，君主立憲的改革派，帝黨，成為慈禧眼中釘。
譚嗣同死時 33 歲，他可逃而不逃，決心一死赴義：

把文稿託付給梁啟超，並說：不有行者，無以圖將來，不有死者，無以召後起。
回絕日本大使館的保護，說：哪有不流血的變法，中國就從我譚嗣同開始流血吧。
被捕寫下：望門投止思張儉，忍死須臾待杜根。我自橫刀向天笑，去留肝膽兩昆崙。
臨斬說：有心殺賊，無力回天，死得其所，快哉！快哉！

唐才常聽聞慈禧政變，東避日本，在那裡會見了康、梁、孫中山之後，西元 1899 年，他回到上海，迅速跟**沈藎**等成立"自立會"，組織長江沿岸的黑社會幫派與清軍士兵，策動湘鄂皖贛同時起義。但事機不密，西元 1900，淮南提前動作，失敗。

唐才常在漢口起義發動前，就被<u>張之洞</u>破獲、梟首示眾。死時 33 歲。

沈藎發動洪湖起義失敗後，以新聞記者身分，潛入京津地區活動，西元 1903 年，搞到<u>中俄密約</u>內容，立刻公諸天津英文報刊，令內外輿論譁然，迫使慈禧政府不敢跟俄國正式簽約。慈禧很快逮捕**沈藎**，並下令棒殺於獄中。死時 31 歲。

沈藎的慘死，被英國最大報紙派駐北京的名記者<u>莫理循</u>詳細公布，當然也包括<u>中俄密約</u>內容。那時，俄國對中國的鯨吞，本已引發歐美列強不滿，<u>莫理循</u>甚至擺明的挑撥日本抗俄。實際，日本早已積極備戰，歐美也樂得以夷制夷、以日制俄。

日俄戰後，日本獨佔東北，<u>莫理循</u>又回頭專挑日本的不是。<u>莫理循</u>成為那時英日關係的寒暑表，政權或金權對媒體的運用，話語和訊息的操控，那時已露現，儘管<u>莫理循</u>本人並不自覺。雖然如此，新聞媒體依然是平民百姓主要的資訊與數據來源，跟人們讀書一樣，不可盡信，需要很理性地去解讀其中的數據、而不僅只接收記者發出來的信號。。。

西元 19 世紀結束時，中國人的歷史數據表明，鴉片戰爭後的 60 年間，無論歐美日表面上的政體如何，實際，都是資本主義運作下的金權帝國的性質，利潤與利益，業已密不可分。那時候，列強對中國的瓜分，主要為了市場，大規模人口的市場，給工業量產的商品找到出路、產生利潤。流通、運輸，靠海洋與輪船。工廠、生產、輪船、電報、新聞媒體…，這些正好是新興的科技。或者說，利潤的刺激，調動了人腦，加速了西洋科技的突飛猛進，互為辯證因果。

中國人對科技生產或水運運輸或商業流通，當然早有體會，不然隋煬帝幹嘛開大運河？唐宋又怎麼會經濟重心轉移華南？明清大部分時期，又怎麼會出超而成為銀本位國家？

"資本主義"只不過是個翻譯過來的時髦詞彙，其實，自從人類社會發生私有財產制度開始，"財富"的意識，早已成為全球人類共通的習性，權力的本質，政權或金權，都為了分配與佔有。無非，現代的資本主義，透過"利潤（包括地租與利息）""工資"來分配財富，金權壓倒政權，雖然政權統治階層仍取得相當份額的利益。而中國人小農經濟的結果，政權壓倒金權，當然也透過利潤與工資來進行分配，但統治階層更多透過"稅賦"以及稅外之稅、賦外之賦，以權力進行盤剝。

政治權力，對中國社會而言，如此重要，怪不得慈禧或歷代統治者，只有終身或被推翻的皇帝，沒有任上退休的皇帝，乾隆就是個顯例。

所以，戊戌變法，與其說是"變法"，不如說是"戊戌政變"（光緒先造慈禧的反，慈禧再收拾了光緒），一個政治上完全沒有基礎的小小異動。光緒百日維新的賭博，充滿浪漫激情，人們會記得這起事件，實在是由於**強學會**開啟了中國式媒體傳播，渲染鼓動了中國知識分子的政治熱情。並且由於光緒的失敗，等於判決了由政權體制內自上而下改良的不可行性，給政權體制外自下而上的**興中會**（知識分子＋會黨）革命主張開了路。

譚嗣同、唐才常、沈藎，這3位互相是朋友的湖南人，加上，**孫中山**，其實是那時代中國知識分子覺醒之初，最浪漫的行動派代表人物。那時候，覺醒的中國青年知識分子無疑非常多，連同開風氣之先的**康有為、梁啟超、沈曾植**等改良派代表人物，不得不算是傳統儒文化"以天下為己任"對中國人的貢獻。實事求是，他們分別代表了對中國傳統體制武伐與文攻的第一波變革，中國人晶體的能量因之鬆動、釋放，才有現代中國的產生。當然，歷史記述，常常會因為戰亂或政治等因素而湮沒數據，可以肯定，中國近代史一定還有眾多屬於覺醒了的、不知名的人物，但人們已可從上述人物，大抵勾勒出西元19世紀末的中國境況。

仍然必須沿著時間與空間來綜述。
西元1860年，當圓明園被英法聯軍焚掠、鴉片戰爭結束、歐西列強以優勢熱兵器迫使清王朝治下的中國人開放內地的時候，距離康熙與乾隆時代，不過百年左右，中國人卻已經忘記，清王朝能夠入關、並主宰蒙古草原，不是滿洲騎兵比蒙古騎兵厲害，而是清兵帶上了火炮。鴉片戰後，中國雖然開了大門，但大多數平民百姓，並沒有管道得知完整的資訊，只能從日益出現的洋人、以及地方官吏的態度，揣測發生了什麼事。可以漫遊內地的洋和尚或商人，自然也不會貿然進入交通比較方便的城鎮以外地區，西洋事物所能傳達的資訊或信號，是需要一點時間來擴散的。中國民間的“洋務”知識，非常有限，但很實際：民怕官，而官怕洋人。

到了西元 1897 年，列強各國的耶穌教各個教派，幾乎都已進入中國。民間是很現實的，相當比例的中國教民，無非是托庇洋教堂的勢力，圖自己的利益，下作的，肯定為非作歹、魚肉鄉里。於是，山東發生了<u>教案</u>，憤怒的老百姓殺了兩個德國教士。這就是**義和團**的原點，正當甲午戰敗、上層知識分子熱衷維新之時。

中國知識分子階層，大抵衣食無缺。其中資訊比較通的，搞維新或革命，試圖跟國際接軌；資訊比較閉塞的，也只能死抱古籍，沿續舊習。

基層農民，知識與資訊兩缺，而且本來就缺衣少食的，碰到突然冒出“教民”那麼一個新生團夥的欺壓，又不能仰仗官吏的保護，本能的反應，唯有聚眾自保，打殺洋人和教民。黑白兩道惡勢力很快就滲入其中，雪球越滾越大，基礎群眾無知無識，混淆了各種迷信、法術、號召，成為一群非理性、仇恨洋人跟洋東西、純粹發洩生活不滿的暴民。義和團殺掠的無辜平民遠遠多於不法教民，而唯一不排斥的洋東西，就是洋銀。

包括慈禧本人在內的官僚統治集團則思緒混亂或沒有思想，簡單說，連這樣鬆散的暴民團體，都成為沉淪中的清廷想抓住的一把稻草杆。於是，西元 19 世紀末，義和團從山東擴散、進到了北京。

西元 1900 年，20 世紀伊始，北京局勢一片混亂。義和團對洋人的仇視，引起列強恐慌，列強派兵 400 進入北京、保護使館區（那時，已經有機關槍），另有天津就地組成的 2000 **八國聯軍**則正在途中，但被清軍<u>聶士成</u>部擊敗（也配備了機關槍），退回天津。慈禧政府只好立即召集部隊進京，並默許義和團進入北京，以資自保。

義和團進京後，局勢迅速失控，德國大使率先開槍射殺義和團，義和團則燒殺教堂報復，同時八國聯軍海軍攻下大沽炮臺。之後，德國大使代表各國使團前往總理衙門要求慈禧政府保護使館區，但被清軍射殺。於是，發昏的慈禧居然下令向各國宣戰，並放任義和團圍攻使館區，明碼標價每個洋人、洋婦、洋孩的賞格。

在各國增兵到達之前，從大沽登陸的八國聯軍部隊向天津進攻，而僅有兩千部隊的<u>聶士成</u>是唯一奮勇抗戰的清軍將領。由於先前堅決鎮壓義和團，義和團趁機擄掠<u>聶士成</u>家屬，<u>聶士成</u>只好率隊追救、並負傷，隨後，戰死在抗擊八國聯軍的前線炮臺。天津很快就陷落。

慈禧宣戰後六周，八國聯軍集結了不到 1 萬 8 千部隊，撲向北京。日軍 8 千、美軍 2 千、俄軍 3 千 5、英軍 2 千 5（印度兵＋華兵）、法軍 1 千、德軍 3 百、（奧＋意）不到 1 百。

8 月 14 日，攻城 1 天後，八國聯軍當晚攻進北京，第二天大早，慈禧脅帶光緒，倉皇逃向西安，第三晚，北京完全陷落。八國聯軍隨即縱兵姦淫燒殺搶掠，北京一度呈現廢墟景象，堪稱人史最大劫掠事件。金銀珍寶就不說了，文物方面，<u>永樂大典</u>（所剩無幾）、<u>四庫全書</u>（殘缺）、以及無數古董字畫，流散世界。之後，各國仍然繼續增兵到北京，主要是日軍、俄軍、英軍，各加 1 萬左右，總兵力達到 55000（這些數據，仍需確考）。

這年年底，慈禧政府除了接受八國提出的條件之外，已別無選擇。

西元 1901 年夏，慈禧政府與 11 國（加了荷、比、西）簽訂了臭名昭彰的<u>辛丑合約</u>。這個條約，賠款 4 億 5 千萬兩，是按當時中國人口，每人 1 兩銀計算的。並且規定，拆除大沽炮臺、各國得駐軍於北京到山海關的鐵路沿線。。。

八國聯軍之時，並行著許多歷史事件：

⊙ 慈禧宣戰後，東南督撫大員宣布"東南互保"

江浙與兩湖的封疆大吏，為使戰火不波及東南，便聯合在一起，跟列強媾和。隨後兩廣、福建都加入，東南半壁割據，清王朝崩解之勢已成。

⊙ 革命黨與保皇黨都趁機行動

孫中山派鄭士良到深圳旁邊的惠州起義，但日本轉變態度，取消孫中山的軍火交易，一度發展到萬人的惠州起義，以彈盡援絕告終。鄭士良退歸香港。

同時，保皇黨的唐才常部署的 4 省大起義，因康有為在日本籌餉失敗，又事機不密，各地被迫各自行動，最終以唐才常被張之洞捕殺告終。

八國聯軍之前，日本支持革命黨和保皇黨，為的給清政府製造麻煩，削弱中國。八國聯軍之後，日本 180°轉變，為的不製造任何中國可能復強的機會。。

⊙ 八國聯軍進北京的同時，俄國派兵全面佔領中國東北

辛丑合約簽訂後，俄迫於各國反對，第二年象徵性撤軍，但第三年就找盡藉口賴住。這時，沈藎爆出中俄密約內幕，中外譁然，慈禧政府只好放棄聯俄制日。之後不久，日俄便開戰了。

⊙ 八國聯軍攻下北京後，列強卻從德國派瓦德西來出任聯軍統帥

八國聯軍已經搶掠北京之後，各國依然繼續增兵來華，增兵後，日、俄、英是最大組分，比例大致 2:1:1，其他諸國的總和也不到 1 份。

德軍總共才 900（增兵 600），還遠少於各 3500 的美軍、法軍。但列

強之間各懷鬼胎，平衡的結果，既然德國大使被殺、德軍人數又少、而那時的德國又已稱雄歐陸，便讓德國派大員出掌聯軍。

元帥級別的瓦德西就這樣當了已經沒仗可打的八國聯軍統帥，他最大的貢獻是留下了一些關於各國搶掠北京的記錄（日記、書信），雖然他到任已是事發之後兩個多月，列舉如下：

◆ 北京被佔領之後頭 3 天，公開允許的搶劫造成不可估量的破壞…，很遺憾那麼多珍貴物品被以最粗暴的方式對待，毀壞無數…，很幸運德軍沒有參與官方的搶劫行為，天津之戰中我們只有 300 人參加…，而北京，德軍是在搶劫結束之後很久才到達的…。

在德國，如果人們想像這場戰爭是為傳播耶穌教文明和生活方式的話，他們肯定要感到幻滅了。自從三十年戰爭（耶穌教的新教諸侯反抗奧、西等天主教舊教帝國的戰爭）和路易十四時代（法國王權專制極盛的君主，堅持王權大於神權，法國雖是天主教，但支持新教造反）的劫掠以來，還沒有像這樣的…。

◆ 俄軍的搶劫以最原始的方式進行，東西被扔得亂七八糟…。俄佔領頤和園後，珍品被作為官方的戰利品運走。德國王室送給清帝的禮品被發現在運往旅順港的途中，在我方霍普納少將的抗議下，這件禮品才轉交給我們。

◆ 法軍在搶劫方面也絕不落人後。

◆ 日軍的戰利品須上交國家，日本政府肯定大大撈了一筆。

◆ 美軍，官方是禁止搶劫的，但美軍都是些牛仔冒險家，禁令全被置之不理。

◆ 英軍的搶劫相當有 "制度"，搶來的東西須集中擱在使館的一處，以便日後 "拍賣"，拍賣的收入再按照計劃分配給軍官。但據英國軍官說：印度士兵（英軍幾乎全由印度士兵組成）根本不能理解沒有劫掠的勝利有什麼意義。。。

甲午之戰（中日）、庚子之戰（八國聯軍）後的中國境況，很能說明西元 20 世紀以來的世道：隱形的資本主義金權驅使顯性的各式政權，在"商業"的名義下，肆行掠奪之實，尤其各類工廠一經設立，商品都是大規模量產的，就必須"推銷"出去，以便成為"利潤"。

歐西推動了科學的文明，但（金權+政權）的權力經濟制度，使得人類雖蒙科技之利，但也澈底把人類變成了"經濟動物"，人類成為"利潤"的工具，更是軍火產業的鷹狗。西元 1861-1865 年，美國內戰（南北戰爭），機關槍被發明出來，光軍人便死亡 75 萬，之後，人類科技的最大應用，似乎都表顯於殺人的軍火，其次才是生活上的應用。

很弔詭地說，工業革命以來，戰亂，並未使人口增長減緩。科技發達使得人口上升，戰爭破壞則減損人口，人口再上升、更大的戰爭再進行…，惡性循環。戰爭，幾乎成為人類自行控制物種數量的手段，軍工複合體，成為國家機器最大的推手。

西元 20 世紀，人類災難深重，不獨中國為然。
東西方的傳統"人道"，通通失去意義。即使美國南北戰爭，表面上"解放"了黑奴，實際要到百年後的西元 1960 年代末，美國黑人方才具有法律上的平等地位，而美國社會人們的意識裡，種族歧視，依然根深蒂固。這無關耶穌教的教化，所有教化都是與人為善的，但另有一種社會教化，權力的教化，塑造了人們的德性。典型的權力，西方金權或東方政權，這些權力意識，自然地教會人們不平等的態度與行為。

對世界而言，

① 第二次工業革命，使得德國成為歐洲新霸，以當時列強的"征服"意識，德國人自然努力加速擴張、要求重組已經被英法西荷等瓜分了的世界。美、日則各自努力於在美洲、亞洲的擴張。庚戰之後的中國，隨時可以被列強瓜分，但列強之間新舊勢力的衝突與平衡，使得中國倖免於立即被肢解。

② 日俄佔有中國東北的欲望，導致西元 1904 年爆發日俄戰爭，俄國戰敗。日本隨即在中國急速擴張，最終導致西元 1937 年中國全面抗日。

③ 德國的擴張，當然引起英法既成勢力的壓制，最終造成西元 1918 的第一次世界大戰，德國戰敗。但英法強壓德國的結果，德國人反彈，繼續造成西元 1941 的第二次世界大戰。

④ 科學文明的擴散，使得任何勢力都不可能長期獨霸，英、德、日、美本身就是案例。

但隱形的金權挾科技之勢宰制社會的結果，顯性政權不匹配的落後地區，人民深受各種權力經濟之害，西元 1917 年，便爆發了俄國大革命，列寧與托洛茨基領導的俄國共產黨最終取得政權，成立了人史上第一個社會主義國家機器。

對中國人而言，

① 滿清政權以及中國社會的腐敗，已經到達非撤換體制不可的地步，城鎮裡頭，革命的呼聲很快超越改革的呼聲，廣大農村人口，文化落後，則依然未被觸動。

那時候的中國知識分子，大抵已模模糊糊地感覺到非變不可，怎麼個變，卻不很清楚，主要的宣傳與行動都針對改變政權。這當然跟知識分子階層的傳統文化有關：除了 "統治" 的意識，人們不知道社會還有更需要的東西存在。

當時，甚至直到現在，即便中國人已經深刻體會到科技不如人，但絕大比例的知識分子的腦力，依然側重於管理、而不重 "術"，無視於義和團所反映出來的根本問題：（生產力落後）＋（大量貧困、沒機會受教育的人口）。

② 後來一戰、二戰，中國都是 "戰勝國"，但二戰期間廢除不平等條約時，中國人單庚子賠款一項，就已賠出去 6.5 億兩（含利息）。列強的掠奪所得，遠大於交易所得。雖然後來歐美列強，以一小部分

庚款協助中國人辦教育（建成清華大學）。

③ 日俄戰爭後，清政府不得不 **"移民實邊"**，開放漢民墾殖東北。此後，東北人口也迅速增長，松遼平原從此也成為漢地農耕文化。

④ 清政府於西元 1895 始建新式陸軍，此後共 36 鎮，取代前此的八旗、綠營。西元 1905，取消科舉，始建新式學堂，此後凡 6 萬多所。

⑤ 當時中國知識分子的革命黨人，許多團體進行推翻滿清政府的行動：<u>興中會</u>（**孫中山、汪精衛**等人，<u>兩廣</u>），<u>華興會</u>（**黃興、宋教仁**等人，<u>湖南</u>），<u>光復會</u>（**陶成章、蔡元培、章太炎**等人，<u>江浙滬</u>），<u>科學補習所</u>（**劉靜庵**等人，<u>武昌</u>，後改名為<u>日知會</u>）等等。西元 1905 年，革命黨人共同在日本成立**同盟會**，以孫中山、黃興為領導。

西元 1907 年，同盟會中的湘鄂人士更組織<u>共進會</u>（**焦達峰、張百祥、孫武、劉公**等人），集中吸收長江流域新軍低階官兵，以及三合會、哥老會等會黨份子，後來在武昌新軍成立**文學社**（**蔣翊武、劉復基**等人）。<u>文學社</u>，在武昌新軍發展出 3000 多會員，占武昌新軍的 1/5。

西元 1908 年慈禧終於死去，她死前毒殺光緒，立 3 歲不到的<u>宣統</u>繼位。

孫、黃領導鬆散的同盟會，則多次在華南起義，均告失敗。歷次起義犧牲了諸如**倪映典、秋瑾**等青年，革命基層力量則逐漸由會黨份子轉向為新軍。西元 1911 年 4 月，**黃興、趙聲**等最後一次在廣州起義，也失敗，就是黃花崗烈士的由來。

這最後一次廣州起義失敗後，清廷成立一個全由皇族組成的內閣、並宣布民間投資的川漢與粵漢鐵路收歸國有，至此，除了等於宣告 **"君主立憲"** 不可行之外，四川還立即爆發了 **"保路風潮"**，同盟會與哥老會合作、圍攻<u>成都</u>，附近的<u>榮縣</u>在同盟會**吳玉章**等人領導下，更宣布獨立。

清廷於是派湖北新軍進川，武昌空虛，同盟會在新軍的工作終於發酵、準備起義，但 10 月 9 日<u>孫武</u>在共進會所製造炸彈時被炸傷、機密文件等外泄，在文學社（起義指揮部）的**蔣翊武**只好決定當晚提前起事，而軍警已圍住文學社，**劉復基、彭楚藩**等被捕，10 月 10 晨即被斬首。**蔣翊武**沒剪辮子，被圍後、亂中機警逃出。

西元 1911 年 10 月 10 夜，被通知了、預備了要起義的士兵們，突然群龍無首，武昌新軍工程營的一個排長見手下士兵形跡可疑，持槍上前收捕，被另個士兵**程正瀛**率先開槍擊斃，情況登時沸騰，於是**熊秉坤**班長帶上隊伍，臨時拉來連長**吳兆麟**（日知會員）當指揮官，攻佔軍械庫，第二天黎明，起義士兵們打下了湖廣總督衙門，並聚集在原本為立憲成立的諮議局大廳。

武昌起義的新軍，最高軍階不過連長，他們找來諮議局長湯化龍（留日的進士）等人會商，雖然也有革命黨人十幾人參與會議，但**蔣翊武**等同盟會領導人都不在，於是在**吳兆麟**提議下，會議通過推舉黎元洪旅長為都督。黎元洪還死活不敢就位，一度潛逃。

但 10 月 12 日，起義軍已佔有武漢三鎮，並通電全國。同日，**蔣翊武**回到武昌，此後跟**吳兆麟**一起護衛武漢，阻擋袁世凱北洋軍的進攻，直到雙方停戰。

清軍的袁世凱，那時是武昌起義之後，被清廷重新啟用的將領。
光緒搞維新時，袁世凱以出賣譚嗣同得到慈禧重用，但慈禧死前，袁以權重、被迫退休。先前在清軍改建新軍時，袁在小站練兵（天津），成為新軍的將校搖籃，其中北方 6 個鎮（師）被袁自己掌控，就是北洋軍系。袁復出後，挾北洋軍系，南脅民國議和、北逼清廷退位。

兩個月內，長江以南各省紛紛宣布獨立，不久各省都督的代表們在南京集會，成立中華民國臨時政府，孫中山被推舉為臨時大總統。清王朝實質覆亡。

西元 1912 年 1 月 1 日，民國元年元旦，2 月 12 日，宣統正式退位。

《20 世紀之初的中國人》　人太多了…

明清兩代共 543 年，標誌著中國式文明，〔小農經濟＋漢儒文化〕，的盛極而衰。

王權專制達到極盛，思想禁錮、知識結晶，閉關鎖國、社會結晶，民間手工業近於極致、商品交易幾乎完全自由，科舉八股化、捐官盛行，社會最大的流通成本來自官吏與中間商的貪腐（浮規、利與租的話語權），中央財政則銀本位化。

同一時段，也標誌著歐西文明，〔科學＋資本主義經濟〕，從萌芽到興旺的歷程。

歐西啟蒙運動與私營工商刺激了資本主義和個人主義，荷蘭的銀行體系開發了近代的信用狀（L／C）以支持海洋貿易，科技與科學相互刺激發展，終至於啟動了海權時代，以海洋船艦機動取代陸地馬匹機動，後來陸地也以火車、汽車的機械驅動取代馬匹等的獸力驅動。生產工業化，機械、電力、化學全面取代手工業，中央與公司財政則金本位化。

原有的官吏等的貪腐，通通法制化為"專業集團"的盤剝，隱形而不定的浮規蛻變為顯性的定規，遊戲規則本身便保障了"特殊人士"或"公司"的利益。殺頭的生意有人做，賠錢的買賣沒人做嘛。

從現代回顧明清那時候的中國人，"藩屬"或"朝貢"的意識，固然可笑，但人們的認知有個演化的過程，就像"君主立憲"的現代歐洲人，還不照樣冀望"王室"、"貴族"等等榮銜。幽默地看，是新聞八卦必不可少的味料，不過是個習性罷了。

意識與習性，自然造成認知上的差異。

比如，economics 一詞，日本人漢譯為"經濟學"，取自"經世濟民"

的意思，因為日本人有儒文化的概念。英文 economics 一詞，絕對沒有"經世濟民"的意思。

歐美的經濟學，直接就是對供求、成本、利潤、運作的數理化模型，以期找出利潤最大化的方式，實際是現代"運籌學"的一部分，運作的管理或技術之類。

從西方經濟學的角度，貨幣金融，就是最高手段的經濟學，連生產都不必，就從"理財"、鈔票的流通上，榨出油水來。搞經濟學的人不大會搞歷史學，他們不知道宋、元是人類貨幣金融的原點。宋人老早算到：人均糧食消耗就只能吃那麼多，人口增加嘛，多開墾土地唄；但用的東西可以多浪費一點、多刺激一點產銷、以鈔票流通放大"經濟量"（GDP囉），社會看似一片繁榮；以通貨膨脹榨取銀兩，豢養龐大的官僚以及公司集團。這種美國三流電影明星水準的"消費經濟論"，至少在宋代是可行的。

但中國傳統文化的 "經濟"思想，更近於現代<u>人群與社會環境資源的平衡</u> social environmental balance。講究人與人、人與物之間的平衡，"利用厚生"。中國人直到漢代之前，山林裡的非季節性捕撈、打獵、伐木，都是不允許的。經世濟民本身，不是唯利是圖，日本人把 economics 譯成"經濟學"，是好意的錯譯。日本人把政府職能的"經濟部"稱為"厚生省"，這又對了，經濟部不是搞錢部，原本就應該是厚生部。。。

貨幣、金融經濟，都是宋人的偉大發明，目的是供養一大批官僚知識分子，皇帝與士大夫共治天下嘛，中央財政不足，透過刺激商業流通來榨取銀錢。那時中國"經濟"全然貨幣化，結果，北宋中央財政收入高達 1.6 億兩銀，統治，空前"繁榮"。

交易、掠奪，對草原或海洋機動的民族，是同一回事，打得過的時候，搶東西，打不過的時候，換東西。所以，蒙古帝國立馬將宋代的發明，普及到被征服的世界。忽必烈大汗時代，元朝政府除了徵收實物糧帛稅賦之外，中央財政是 2 億兩銀以上，如果跟宋一樣全部貨幣化，是 2.3+ 億兩銀。成吉思汗以區區 200 萬蒙古人，宰制歐亞世界，蒙古人子孫散播並同化於歐亞大陸各地，全靠（馬匹機動＋交易或掠奪）、分而治之。

現代資本主義從英國起源，18 世紀，對應的英國社會，科學有物理、微積分、化學，科技有蒸汽機、紡織機，律法有光榮革命、社會契約論，貨幣則有歐洲第一個紙幣。。。

他們未必知道宋元對他們的影響，實際也就是那麼來的，無非宋元的 "經濟" 是為了中央財政的收刮，英國的 "經濟" 則為了個人財富的 "利潤" 積累。。。

歐美經濟學 economics，原本就是算計利潤最大化 optimization 的。掠奪比交易更有好處的時候（鴉片戰爭本身，就是最佳驗證案例之一），自然就開戰，更何況一打仗，私人銀行就可以借錢給國家機器（以人民的納稅為擔保），軍工產業也可以大賣軍火給交戰雙方。戰爭破壞後的重建，更可以滿足已經投資了的各類民生工廠的產能。

"經濟" 上的好處，西方 "經濟學" 的不傳之密，僅此而已。

回歸漢語的 "經濟" 或 "厚生" ，利潤的最大化 ≠ 經世濟民。
利潤，從來只是人類社會運作的諸多參數之一，所有的參數，人口、可耕地、科技、生產、分配、管治、效率、環保、資源（包括水源）、生態、可持續發展，等等等等的優化，才是漢語 "經濟" = "利用厚生" 的本意。

宋代中國人已經試煉過大數量級的財政、貨幣金融、商業流通、稅收之間的關係。鴉片戰後，中國人也嘗到了私有資本的利潤最大化的味道。

俄國共產主義是對歐西資本主義激發的反思或反應，主要著力在合理化 <u>分配</u>這個參數，但仍不及漢語 "經濟" 原意。

中國人的傳統思維，依稀看到了人類社會的問題，但沒有實在的方法學，因為沒有科學的意識，傳統中國知識分子只有"統治"的意識，務"虛"而輕"術（科技與科學）"。

這其實也不是古早漢儒文化的殘疾，人類畢竟需要演化到西元 18 世紀，方才依稀浮現"科學"。而科學的邏輯很容易指出：現代中國人想用西法解決西法產生的問題，會跟現在全球各地能有啥不同？用"資本主義最高階段"的貨幣金融來解決貨幣金融產生的問題，當然無解。

正反兩個極端，宋元、明清，正好都試過了。

明代朱元璋，回歸小農經濟，稅賦徵收實物糧帛，中央財政一年不過幾百萬兩銀。**張居正**把"役"和"地稅"貨幣化為繳納銀子，田賦仍然交糧帛，中央財政也不過 6-8 百萬兩銀。民間"經濟"幾乎放任、"自由化"，除了"海禁"。而實際，中國官方的海關稅率曾經非常低、甚至沒有。這就是連西方也豔羨的明清早期"自由經濟"。（雖然也有人為的"貿易壁壘"，比如，官吏、中間人等等的"物流""通路"成本）

其實，漢代以後的中國知識分子，既沒有開發出西方的數理經濟概念，也丟掉了傳統文化的生態經濟思想，張居正無非是限制了官吏隨意浮加的稅外之稅、賦外之賦，促使中央財政的遊戲規則比較透明罷了。

張居正是個踏實的執行者，一個檢漏比較澈底、防漏工作比較有效的運作長。他真正的"改革"，體現於貿易正常化，解除陸界與海界的封關，開放跟蒙古與跟外洋的互市，解掉戰爭的導火線，才有晚明曇花一現的西學輸入。

他重用**戚繼光**，打破體制禁忌，帶出"專業軍人"，但文官統治與王權專制的框框，不會容忍武將專兵，戚家軍自然也就無以複製。

清代，少數統治多數，漢地統治幾乎完全沿襲明制，乾隆盛世，中央財政每年也就 4 千萬兩銀左右，但府庫積存達 7000 萬兩，最主要原因：滿族皇家，奢侈浪費的程度，遠遠比中國歷代王朝儉樸的多。從皇太極到多爾袞，主要戰役前的部隊加菜，不過是包頓餃子吃吃，大致也跟解放軍大戰之前吃頓肉一樣儉省。（二戰時期的美軍，戰役前可以吃到牛排大餐）

乾隆中期之後，皇家與城市居民，日益豪奢，但殘酷的文字獄已經滅絕了知識分子的誠實度，跟科舉平行的捐官制度，更使得低階官吏像在做買賣，投資嘛，當然為了賺錢，貪腐必然變本加厲。清朝能夠出現**洪亮吉、林則徐**之類非常理智的、講實話的文官，實在是異數，然而當時無人珍惜。

林則徐禁煙之前，知道這是硬幹，為了實際接觸洋人，特別去澳門考察，結果立馬丟掉了先前的偏見（"洋人不喝茶就不能解肉毒" "洋人沒有膝蓋，所以不能跪拜"之類的神話），並且立刻組織蒐羅、翻譯西洋書刊資訊，後來交付魏源完成晚清中國人第一部介紹世界的書籍，海國圖志，對後來日本與中國知識分子的維新運動直接產生了影響。

開放心智、取得比較真確的資訊，是改變意識和習性的主要條件。
開放，顯然比亡國滅種便宜的太多。

林則徐的開放與實在，就那時候中國知識分子的習性來說，只能以"出類拔萃"形容。**洪亮吉**能讓數據自己說話，就更了不得。。。

咸豐元年，西元 1851，太平天國剛開始造反，中國人口 4.3 億。
清朝結束，西元 1912，中國人口 3.6 億。
由於保甲制普查，這些數據相當可靠。

可以說，經歷太平天國、捻亂、回亂等內亂，以及，第二次鴉片戰爭、甲午中日戰爭、庚子八國聯軍戰爭、日俄戰爭等在中國境內的外戰，中國人口有所下降，大致回到乾隆晚期的水準，而乾隆晚期正是人口壓力迫使川楚白蓮教徒開始大造反的時候。乾隆盛世，尚且無以養活 3.6 億人口，何況清末？

中國人感覺到需要改變，當然不是只從甲午戰敗才開始，太平天國的造反，就是先例，雖然有點制度軟體上的空想，但也撓了癢癢一下子。其他的造反，全是打天下的老套路，包括義和團在內，都屬於對環境的反動或反應。

知識分子的意識改變，起於甲午戰敗後的**興中會**與**強學會**，而**強學會**雖然主張君主立憲，但以新聞媒體之力，普及資訊、傳播西方政法知識，卻真正幫了革命黨一個特大的忙。武昌起義，會稀里嘩啦的成為革命派與君主立憲派的"共和"，也是因為新聞媒體盡是君主立憲話語居多。早期的留學生，除非留學美、法，一般以留學英、日、德的最多，多數接觸的都是君主立憲國家，自然認為這是列強的常態。

不過，清末的知識分子其實蠻慘的，林則徐與鴉片戰爭與太平天國沒喚醒他們，甲午戰爭與八國聯軍戰爭倒撼醒了他們，放洋一看，眼花繚亂（跟漢唐知識分子出國求佛法真經類似、最終求到印度去），然而真經只有一本，科學而已矣，但"富國強兵"之術，列強的經文都不一樣，遺禍至今…。

遠來的和尚會念經嘛，當然的，唸的是那一國的語文寫的經嘛。。。

實際，明清除了戰禍，天災頻仍，饑荒、餓死人，屢屢發生，而人口增長的趨勢未曾稍減。只要沒有特大戰亂，比如，在抗日戰爭之前的 26 年間，民國政府所公布的年均人口數字為 4.45±0.4 億，相當平穩，是則清末數據應為 4+億（大概少算了關外約 3 千萬，待考）。抗戰八年之後又兩年的西元 1947 年，公布了人口 4.6 億，是則民國時期，連同抗戰的破壞，中國人口始終維持在大約 4.5 億水準，只能歸功於人類科技的進步（比如醫藥更為發達、交通更為迅捷等等）。

這說明了，乾隆以來，除了自閉之外，中國人真正的問題是**人口**。。。
洪亮吉跟馬爾薩斯，他們看到的現象與邏輯，是真實的。

林則徐睜開了跟國際接軌的那一隻眼，政法與科技逐漸學習了歐美日俄。而知識分子的科學意識依然模糊，經常不讓數據說話，甚至搞假數據，習以為常。

另一隻眼，人口與自然環境的生態平衡，由於西方的"經濟"專只講"利潤"，便至今沒得睜開。

其實西方經濟學最根本的道理，不是利潤，而是"天下沒有白吃的午餐"。空間上如此，時間上也是如此，天條說：質能不滅嘛。

天生天養固然沒錯，但也可以天誅天滅。在最根本的道理上，東西方的智慧是暗合的，地球的資源就那麼多，人類無法創造出自然資源，耗掉的，許多是無法再生的。

明清中國人，並非醜惡的中國人，而是人口太多的中國人。
明清的中國，是全球人口爆炸的真實縮影、真實數據。

無論什麼主義與制度，智人物種內的、劇烈的生存競爭下的人道，必定不是人群的天然狀態，擁擠的猴群都還要出問題，何況是業已演化成掠食動物的人類。

義和團，一群求基本生存的人們，是現實的顯例；沒有發展成為另一個黃巢集團，是近代中國人的運氣。。。

知識、科學、科技，這些人腦理性的軟體，或許可以解除中國人的自閉。

但小農經濟下的習性、人多好辦事的意識，以及，城市工商下的習性、唯利是圖的意識，轉變這些意識和習性，才是 20 世紀以來，現代華人的真正挑戰。

第十章、 現代的中國

西元 1895 年，甲午戰敗的中國，跟日本簽署了馬關條約，撼醒了一部分中國知識分子。這年，以傳統士人為主的君主立憲派，**強學會**，在京滬出版了報刊，議論時政，打開知識與資訊的通路，各地紛紛跟進。同時，以華僑為金主的革命派，**興中會**，更直接進行了一次被事先鎮壓的廣州起義，**陸皓東**等被捕遇害。

這文、武兩個路線的變革，立即被清廷抑制，但中國變革的火頭已無可遏制。

既然西元 19 世紀中葉起，就已經有了照相機，就先直接看看西元 1895那時，洋人來華攝下的中國人的留影，感受一下當年的氛圍：

轿子与马车

城镇平民及龙图腾

年輕時的孫中山(左二)和朋友們↓

《武昌起義前後的狀況》西元（1895-1916） 大革命的洪流

〈 "文" 的變革路線：〉

⊙ **康有為、梁啟超、沈曾植**等的<u>強學會</u>雖被勒令解散，但相關聯的宣揚維新思想的報刊，遍地開花。湖南更出了**譚嗣同、唐才常、沈藎**等青年。

西元 1898 年，立憲派促成年輕的光緒<u>百日維新</u>，慈禧反撲，譚嗣同等<u>戊戌六君子</u>被砍頭，康、梁走避日本。

⊙ **唐才常、沈藎**到日本，跟康、梁、孫中山會晤後，轉變為 "武" 的路線，回國成立**自立會**，廣收長江中游的會黨份子及新軍士兵。<u>自立軍</u>一度達 2 萬人，領軍人物包括**秦力山、吳祿貞、林圭、蔡鍔**。西元 1900 年，八國聯軍時，倉促在淮南起事，是辛亥革命之前的最大起義事件。

⊙ 較年長的康有為、梁啟超、沈曾植等，則繼續以新聞書刊之力論政，宣揚維新立憲。西元 1905 年，慈禧政府不得不 "預備立憲" ，2 年後，各省開始成立<u>諮議局</u>（類似<u>臨時議會</u>）。議員由選舉產生，但選舉權與被選舉權都有資產與知識等的嚴格限制（計畫全國民眾識字率要在 9 年內提高到 20%）。

這是 "文" 派的成就，包括促成八國聯軍時的 "東南互保" 。

〈 "武" 的變革路線：〉

⊙ **孫中山**的**興中會**第一次廣州起義失敗後（1896），立即成為清政府的通緝犯，從此不能回國，只能遊走國外， "體外鬧革命" ，向華僑募資、向留學生宣揚革命、並派革命黨人進入兩廣 "邊區鬧起義" 。興中會員多華僑、留學生，既然以推翻清政府為號召，需要武力，就大量招募港穗地方會黨（黑道）份子，尤其是大小頭目。組織、保密、紀律、思想都存在嚴重缺陷。

興中會眾，一開始，幾乎可以說是海洋中國人的那部分。。。

⊙ 西元 1903 年，**黃興、宋教仁、陳天華、吳祿貞**等，在長沙成立**華興會**。那時，吳祿貞已經是武昌士兵學校副校長的職務，吸納新軍士兵，成為既定方針。

吳祿貞是中國第一期留日的士官生，在日本加入<u>興中會</u>，曾祕密到<u>自立軍</u>協助**唐才常**。西元 1910 年，後來的<u>同盟會</u>出鉅資，助吳祿貞賄賂清廷權貴，<u>吳居然出掌北洋新軍第 6 鎮</u>（原師長即**段祺瑞**）。

西元 1911 年武昌起義，吳祿貞意圖以職權之便，搞北洋兵變，被復出的袁世凱識破，隨即收買第 6 鎮軍官將吳刺殺。死時才 31 歲。華興會眾，以長江中游湘鄂皖贛的新軍士兵與會黨為主。。。

⊙ 西元 1903 年，**陶成章、蔡元培、章太炎、龔寶銓、魏蘭**等在上海成立<u>光復會</u>，主張暴力排滿、民族革命。後來的會員包括**蔣尊簋、徐錫麟、秋瑾、尹銳志**與**尹維峻**（姊妹）等浙江青年。光復會是當時巾幗英雌最多的革命黨團，秋、尹等不但是製作炸彈的刺客、也能指揮戰役。**蔣尊簋**則是與**蔡鍔、蔣百里**齊名的留日士官生，回國後當了浙江新軍團長，浙江便成為光復會的重點基地。

蔡元培、章太炎、龔寶銓等文人則漸漸淡出光復會活動。
光復會眾，以蘇浙滬的新軍士兵、員警與會黨為主。。。

⊙ 西元 1905 年，上述革命黨人在東京合併為**同盟會**，奉**孫中山、黃興**為領導，並開辦機關刊物**民報**，宣揚革命。<u>民報</u>先後由**章太炎、汪精衛、胡漢民、陳天華、朱執信、廖仲愷、張繼**等擔任主要編輯與撰稿人，明確提出政綱：

　　"驅逐<u>韃虜</u>，恢復中華，平均地權，創立民國"。

但各派對武力革命的進行方式，意見分歧。

西元 1907，同盟會武派分裂：

- ⊙ 不相信遙控的 "革命"，**陶成章**退出同盟會，跟青年光復會員回老家幹革命；

- ⊙ 不相信 "邊區鬧革命"，**焦達峰、張百祥、孫武、劉公、劉復基**等長江中游青年會員（多為原華興會員）另組共進會，也回老家幹革命；

- ⊙ **黃興**的傳統學養很深，天性豁達大氣，他並非孫中山的粉絲，但有 "成事不必在我" 的風範。經常跟孫中山論辯，卻以行動支持孫中山的決策，甚至自己率隊進行起義（欽州以及廣州黃花崗烈士的那兩次）；

- ⊙ **孫中山**對各路不受節制的 "武將" 當然惱火，恰巧這時從上海灘新到日本的**陳其美**加入了同盟會，成為孫中山的新粉絲。陳其美有黑白兩道的複雜背景，他把結拜兄弟**蔣介石**等拉進同盟會，這就是老蔣起家的原點。

將時代景象與脈絡理一理，為的是說的清楚那時候中國人的境況。
所有上面提到的人物，都是塑造出現代中國的人物，許多人很年輕就犧牲了。

下面說幾個小故事，來紀念、並襯托出中國人是怎麼糾結著跨入西元 20世紀的：

- ⊙ 西元 1903 年，四川青年**鄒容**在上海出版 **"革命軍"** 一書，**章太炎**在蘇報上撰文推薦，清廷震動，最終章太炎被捕入租界牢獄。**鄒容**自動投獄，陪章太炎坐牢，但不堪折磨，死於獄中，年方 20。
  蘇報案，轟動當時全中國。

  西元 1906 年，章太炎出獄，被同盟會迎到日本，隨即主持民報，拉進**劉師培**，跟立憲派**梁啟超**大打筆仗。由於章太炎的學問與名氣，同盟會算是扭轉了新聞媒體的文宣。

章太炎繼承乾嘉學派的考據功夫，以尊其他諸子百家的方式來抑孔儒，比較更近於春秋戰國時期中國人的思想面貌。

魯迅、許壽裳、錢玄同、周作人、劉半農、黃侃等學者，都是章太炎的弟子。

考據，實際是資料與數據的考正、統計、比較，是中國傳統學問唯一近於現代科學方法的。西風東漸之後，到日本留學的知識分子，無不被日本紮實的漢學根底震動。日本人究漢學的方法學，其實也就是，考據。

日本學者針對諸如經濟或社會等現代的課題，從浩瀚的中國歷代史料數據中，整理或還原出中國前人的本來面目。

中國的"文人"很難自外於"政治"之外，**章太炎**太有名氣、筆太利，袁世凱忌憚他，便把他圈禁在北京。其實，所有黨派都忌憚他。

另外一個超級文人，**沈曾植**的筆也很利，現代人只知道他是書法大家，他的字當年值錢、現在更值錢。其實，沈曾植把考據功夫用於塞外的時空（比如，遼金元的歷史與邊地的變遷）、歷代漢字的聲韻與發音，當然還有傳統經史的基本功，無所不考，成為那時候中外漢學家眼中的大儒，趨之若鶩。

一輩子逆反的章太炎，真正講究"造反有理"，一發現有理，連自己的反也造，反孫中山。"革命黨人"的章太炎，最後居然跟沈曾植的結論一樣：中國人太愛當皇帝，與其大家搶當皇帝，不如好好立憲，大家按遊戲規則來玩…。

但，他們都太浪漫了，權力的誘惑下，人性很扭曲，文人玩不了的。

⊙ 同盟會，聲勢浩大，那時留日習武的的青年同盟會員，組織了 40 人的丈夫團，包括**李烈鈞、程潛、趙恒惕、閻錫山、唐繼堯**等正規的日本士官學校學生，以及，非士官學校學生**黃郛、張群**等（黃、張是老蔣在日本振武學堂的同學）。

清政府北洋軍系，當然也有留日士官學校學生：**孫傳芳、徐樹錚、吳祿貞**。

上述留日士官生，都是中國近代史上，曾經互相征戰的風雲人物。那時，日本士官學校把中國留學生集中分班，而管訓他們那批的隊長正是：**岡村寧次**，抗戰後期的日本侵華軍總司令！

⊙ 從世界大環境說，那時候，英國科學、科技、人文薈萃，是最大的霸權，英國政治話語，凌駕法國與美國的民主革命話語。英國人為了合理化白人殖民剝削，不惜扭曲**達爾文**的**演化**論為**進化**論（演化論認為物種演化不過是生物對大環境的適應與生存，無所謂進或退），從理論上炮製 "優越族群"，並形成了等級森嚴的、具有貴族情調的 "紳士（君子）文化"。權力，在士紳小圈圈裡轉。菁英統治、自上而下領導群眾，被 "科學化" 為人們意識裡的 "理所當然"。

這其實原本就是人類社群演化的特徵，"統治" 階層嘛。只不過英國人給添上 "科學" 的偽裝之後，權力經濟掠奪起來，就更沒有道德顧慮罷了。（後來，歐洲極右與極左的黨團，都以社會 "進化" 為由來忽悠平民百姓，納粹，是其中顯例…）

猛然一看中國那時代的人物，無論革命黨人或立憲黨人，也無論文的武的，他們之間似乎都有點 "淵源"，權力圈圈裡的人脈，是個小圈圈嘛。聯結點，大都在東洋，除了地緣較近之外，自然也因為日本相當漢化，維新之後的日本兼具西化與漢化之長，是中國人比較容易學習的對象。而知識分子對變革中國，除了儒文化 "以天下為己任" 的情懷之外，也沾點英國貴族或日本武士的浪漫。實際對那時的中國人而言，有資格去投票選舉議員的，不過 0.4% 左右，有資格被選為議員或參政的就更少得可憐。政治，那時候，還是一小撮菁英的事。

上個世紀，距今不過百年，但人類知識與科技突飛猛進，社會硬軟體隨之加速演化，人們意識與道德的軟體來不及更換，光譜相當混亂，延續至今。

上世紀初，比如，徐錫麟，留日嘛，自然是有點知識的。浙江人嘛，老鄉沈曾植也欣賞青年才俊，自然便向同是維新派的安徽巡撫恩銘打招呼。西元 1907 年的恩銘，正在努力搞新政，花大力氣翻新整個安徽教育體系，一見青年徐錫麟，也確實喜歡，便重用為員警學校校長，結果，恩銘被徐錫麟刺殺…。隨後，秋瑾可逃而不逃、被杭州軍警捕殺。即此二例，可見人性之糾結。

革命黨人鼓起的政治暗殺之風，延燒了很長時間。西元 1910 年，**汪精衛**到北京謀刺清政府攝政王，事敗被捕，留下名句："慷慨歌燕市，從容作楚囚；引刀成一快，不負少年頭"。

上面勾勒的，僅只是"高級知識分子"的層面。實際，那時候的中國社會，平民百姓生存已經十分艱難，對"政治"，一不能當飯吃，二沒有資訊，三是見官沒好事。兩千多年的小農經濟，老百姓對生存以外的事，無力提起興趣。改朝換代，不就剪個辮子、無非交稅給總統嘛。

那時候，變革或革命，一直是中國知識分子主導的、從上而下的遊戲。**武昌起義**或**辛亥革命**，現代中國人，無人不知。當然嘛，中華民國，由之而起…。

然而，由於"政治"原因，描繪那時實況與景象的資料並不多見，以至於現代中國人，除了（辛亥革命＝武昌起義＝民國成立）之外，幾乎沒有更多的印象。

原因也簡單："民國時代"，包括現在的臺灣，更多的是熱熱鬧鬧搞雙十國慶政治話語，慶祝開國遠大於紀念辛亥革命，因為被民國政府昵稱為"國父"的孫中山先生，並未領導或策動武昌起義，認真說，宋教仁、黃興還勉強沾上點邊。

真正組織武昌起義的是**蔣翊武**，臨時隨機觸發起義的是**程正瀛**（兵）、**熊秉坤**（士班長），現場指揮的是**吳兆麟**（連長）。

西元 1911 年，27 歲的**蔣翊武**是華興會員，追隨過**宋教仁**，當過記者，混進新軍當班長、組織文學社，在士兵中發展出 3000 社員。起義前，將文學社與共進會（實即同盟會）合併、計畫起義事宜、派人前往上海跟**黃興、宋教仁**接洽。

但 10 月 9 號，共進會在文學社組裝炸彈失事，抽煙、爆炸（即此一事，可見當時革命黨人的紀律性很一般），爆炸當然就事機敗露，蔣翊武果斷決定當晚起義，分發通知還沒完成，而軍警已包圍文學社。蔣翊武雖逃脫，起義驟然群龍無首。

10 月 10 號晚上 8 點，已經得到起義風聲而又群龍無首的新軍，靠士兵們自己的機智應付突發狀況。26 歲的**熊秉坤**悄悄傳話新軍工程營的弟兄們：估計文學社名冊已洩露，不反也是死⋯。這一點心理準備，真正給起義上了弦，當**程正瀛**打響第一槍、射殺持槍到營房來檢查的排長時，情況立馬沸騰。**熊秉坤**還冷靜的找到 29 歲的革命黨人連長**吳兆麟**，來指揮大夥們的行動，先攻佔軍械庫，11 號黎明時分，攻進了總督衙門。

接下去的發展，就很合乎那時的世道了，士兵們的反應：趕緊找"領導"。但文學社與共進會的機關已被端掉了，於是**吳兆麟**找維新派的湖北省諮議局長來"商量"，並推舉自己的老上司，旅長**黎元洪**，來當"都督"，黎元洪就此被迫當了"開國元勳"。

武昌起義，就這樣稀里呼嚕的成為維新派與軍頭的戰利品。因為，雖然有許多人為的計畫，歷史，卻多半不由得少數人來設計。天老爺給了人們"人性"，人群各自有習性與生計，有革命黨，也有政府軍，事件的發生，相當隨機，互動地推演。大趨勢的必然性裡頭，存在太多的偶然性。。。

吳兆麟倒是兢兢業業地工作，協調革命士兵、通電"中華民國"成立、發文告。10 月 12 號，革命士兵佔領武漢三鎮，**蔣翊武**從外面趕回到武昌，木已成舟。

此後，**蔣翊武、吳兆麟**一起恪守崗位，盡力維護武漢地盤，並電催大頭目**黃興、宋教仁**到場。**蔣翊武、吳兆麟**是真正有意識地推動、執行武昌起義的革命元勳。

面對土崩瓦解的局面，清廷只好再次啟用**袁世凱**，調動北洋軍進攻武漢。年輕時的袁世凱，是淮軍名將**吳長慶**舊部，隨吳長慶駐紮朝鮮，甲午戰前，算是抑制了日本侵朝的幾次試探。甲午戰後，**李鴻章**洋務運動下的整軍方式破產，清政府只能組建新軍，直接複製西洋軍制。而京畿附近的練兵，落到袁世凱手上，聘請德軍為教練，成為北洋軍系的原點。八國聯軍之前，袁世凱率部鎮撫山東，立馬判定義和團拆鐵路、電線，屬於邪教亂民，施以鎮壓，義和團遂被驅趕到京津。八國聯軍之後，袁世凱成為清政府實施新政的重要人物，對北方的建設起了重大作用，北洋勢力擴張到直接威脅滿清王權。宣統繼位後，清廷立即讓袁世凱 "榮退"，但他依然是北洋勢力的頭頭。

袁世凱復出，自有盤算，北洋軍進攻武漢並未使出全力，但也夠**蔣翊武、吳兆麟**手忙腳亂的。10 月底**黃興**終於回抵武昌，但對武漢三鎮的局勢，已經起不了大作用。那時除廣州、上海屬於商團或民間武裝起義之外，各省起事都是新軍士兵，清中央政權實際進入真空狀態。地方勢力、北洋軍、革命黨、立憲派，之間的隨機平衡，決定了 "地盤" 的臨時歸屬。袁世凱的北洋軍系無疑最有組織（比較有規矩）、實力最強，他也盡情地發揮了這點優勢。

這時候，上海灘**陳其美**的混法，對後來孫中山的 "國父" 位置，起了決定性作用。

蘇浙滬，就革命黨人而言，光復會勢力最大，**陶成章**早已暗中策反了不少新軍與員警。就黑幫會黨而言，上海灘，青幫實力最雄，而陳其美便是青幫頭頭之一。

陳其美原本跟光復會**李燮和**約定好上海起事時間，11 月初，起事前夜，

111

陳卻貪圖首功、冒失地率百來個青幫徒眾進攻江南製造局，結果被俘。李燮和按約定起事後，立即率隊攻佔製造局，救出陳其美，並佔領上海市區。但兩天後在推舉 "滬軍都督" 的會上，陳其美操控青幫徒眾持槍鼓噪、取得都督稱號。李燮和則避到上海市郊的吳淞，另外組建光復軍，不久，遇刺、倖免、退出大上海，進攻南京去了。

袁世凱的尾巴還來不及展露，革命黨陣營內的奪權已經開始白熱化。12 月中，蘇浙光復軍聯軍攻下南京後，聯軍參謀長陶駿葆到上海向宋教仁報告，順便到滬軍都督府打招呼，竟被陳其美就地槍殺。同盟會，居然不了了之。

西元 1912 年元旦，中華民國南京臨時政府成立，孫中山被推舉為臨時大總統，宋教仁任法制院長，編制憲法草案，這是個偏向內閣制的臨時約法。

這時，袁世凱，實際操控南北議和與清廷退位，糊弄南京與北京政府。這一年，民國剛剛元年，1 月中，陳其美就指使蔣介石在上海刺殺光復會領袖陶成章，輿論大嘩，老蔣畏罪潛逃日本，躲到年底才回老家，孫中山還假惺惺地呼籲要求 "當局" 嚴查、破案、懲凶，最終還是不了了之。至此，光復會勢力大衰，雖然蔣尊簋仍出任浙江都督、並隨即與章太炎、張謇等組織統一黨。

上海灘就此成為漂白了的黑道，陳其美，的地盤。沾光的是孫中山和後來的蔣介石。

2 月，宣統退位，孫中山按跟袁世凱的約定隨即辭職，袁世凱被選為繼任臨時大總統，在北京就職。黎元洪則繼續當 "副總統"。黎、袁沒浪費時間，立馬對武昌起義的革命黨人下重手。8 月，將張振武等人誘騙到北京、槍決，引起軒然巨波，但革命黨人無可奈何，居然也不了了之。

革命黨人面對更有組織的暴力，束手無策，黑白道混雜的同盟會之鬆散無力，領導人之沒有足夠的 "原則性的誠信" integrity，於此可見一斑。

這時段的中國，除了炒作新聞話語，革命黨人其實一無所有，要錢沒錢、要槍沒槍，也沒有真正意義的群眾基礎。政治，是識字的人、城鎮文化人的時髦東西，跟廣大農村絕緣，那時的農村大抵不識字，也沒引起知識分子的注意。

8 月，**宋教仁**改組同盟會為**國民黨**，跟**孫中山**、**黃興**齊名領導。

西元 1913 年，**國民黨**獲得國會近半數席次，成為最大黨，**宋教仁組閣**在望。

袁為制衡國民黨，請**梁啟超**回京，梁聯合統一黨等成立進步黨，是為第二大黨。

3 月 20 日，宋在上海火車站遇刺，死時，31 歲。三天破案，效率破世界紀錄。

留下的資料：兇手、線人是黑道革命黨人，有唆使嫌疑的是袁政府總理等官員，但這些相關人證迅速被滅口。刺殺宋教仁真正的機構與動機，成為歷史謎團。

宋教仁是當時堅定的 "共和國" 理念的知識分子，企圖以投票而不訴諸武力的方式，來取得政權，這是中國人的第一次嘗試。他被刺殺，不會有政治以外的原因。無論死於什麼政治集團之手，他的死都是中國人無可估量的損失，也許中國人失去一次完全依照法律演練政治的機會…。

宋案發生後，各方矛頭直指袁世凱，孫中山也想武力奪權，趕回上海布置討袁行動，東南半壁各省一時紛紛宣告獨立。但**李烈鈞**、**柏文蔚**等討袁軍不堪一擊，**陳其美**則連製造局也攻不下來，商團擔心戰火波及上海，跟列強商量，派租界軍警繳械、驅逐討袁軍指揮部離開租界。兩個月不到，討袁完全失敗，孫中山、黃興、陳其美出逃日本。

陳其美繼續遙控暗殺行動，西元 1914 年初，刺殺商務書局老闆夏瑞芳（上海商團鉅子）。西元 1915 年末，刺殺袁的滬軍司令。西元 1916 年中，陳其美自己也死於袁世凱刺客槍下。。。

響應討袁號召的武昌起義最大元勳，**蔣翊武**，在湖南老家發動討袁行動失敗後，潛入江西，在那裡被北洋系軍閥捕殺，死時 29 歲。

西元 1914 年，孫中山在日本成立中華革命黨討袁，入黨跟加入祕密幫會一樣，蓋手印、宣誓對黨魁個人效忠。黃興拒不加入，1916 病逝，42 歲。

孫中山身邊大不乏黑白兩道形形色色的野心家，攪和著孫中山的情、理、權欲，黃興或許無以阻止革命黨變質，但失去黃興這樣一位傳統中國文化的、有原則的、大公無私的人物，卻無疑是孫中山的最大損失。孫中山的革命，失去了一面寶貴的鏡子。

這一年，**歐戰**（第一次世界大戰）爆發，日本趁機奪取德國強佔的山東地盤。

西元 1915 年，趁西方列強歐戰正酣，無力東顧，日本加速在中國擴張的布局，以金錢與軍火來操控割據各地的勢力。對中國主要各方勢力，一方面逼迫袁世凱簽訂"二十一條"（重點：日本取代德國在華的一切權益，並擴大日本在滿洲及蒙古的權益），一方面也誘使孫中山簽訂"**盟約**"（重點：日本以金錢、武器支持孫中山革命奪權，若成功，則中國形同日本附庸國）。

日本兩邊玩轉中國統治階層到這地步，袁世凱依然在這年年底稱帝。

114

自立軍的老革命黨人**蔡鍔**、維新派的梁啟超，潛逃出京，**蔡鍔**回雲南起兵倒袁。西元 1916 年春，**蔡鍔**在川西擊潰優勢袁軍（湧現一顆將星，**朱德**，那時 30 歲），護國戰爭聲勢大旺，6 月初，袁還沒辦登基儀式就病死（憂愧而死的吧）。不久，**蔡鍔**到日本醫病，死在日本，年 34 歲。

袁世凱既死，帝制鬧劇煙消霧散，孫中山停止中華革命黨的活動，回到上海。。。

西元 1916 年的**中華民國**，實際是割據的**中華軍國集團**：比如，
東北，奉軍：**張作霖**
北洋，皖系：**段祺瑞、徐樹錚**
　　　直系：**馮國璋、曹錕**（其後為**孫傳芳、吳佩孚、馮玉祥**）
　　　贛系：**張勳**
西南，滇軍：**唐繼堯**
　　　桂軍：**陸榮廷**
　　　湘軍：**譚延闓**（其後為**趙恒惕**）
山西：晉軍：**閻錫山**
大致，擁兵 5 萬，即可橫行 1 省，綽綽有餘。"軍閥"嘛，以此類推。

以上，僅只列出比較知名的幾個。北洋各系，其實並沒那麼"地方化"，人們只是以頭領的省籍來表述派系。袁世凱統兵多年，北洋還是有點規矩的，北洋集團中樞很有些文武兼備的高官，**王士珍、徐世昌**就是。

中國人的歷史，或人類任何國家的歷史，只重複教會人們一件事：
社會秩序崩解必然帶來典型的"武人割據"現象，割據 = 槍桿子裡出政權。

比較有組織的暴力，公開的白道叫做"軍閥"或"政府"，祕密的黑道叫做"匪""會黨"或"幫派"，他們距離現在不過 100 年，但人們已經幾乎不知道存在過這些東東，再過 100 年，歷史大概也只會輕輕一筆帶過：*天下大亂，群雄並起。*

我們拿甲午戰敗、馬關條約簽字的西元 1895 年，做為"現代中國"的第一個界標，因為，"現代"跟"西化"的意識，難以分割。事實上，前後兩次鴉片戰爭，中國人業已被迫開了大門，但直到被迅速西化的日本打敗，大批中國知識分子方才開始真正自覺需要求變、學習西洋，這才是中國人大腦"現代"意識的原點。

八國聯軍，更強化了中國知識分子這種現代意識的覺醒。

訴諸革命或維新，那只是"現代化"的一個政治選擇而已，無論共和或君主立憲，都可以是"跟國際接軌"的一個變革。當時到東洋的日本取經，無非是個便道，學學日本怎麼個西化。

我們無從過多的議論那時候的中國人整體。古今中外，全部人類社會直到現在，仍然處於國家機器管治社會的階段，知識分子，一直就是統治階層，譜寫著社會與文化最主要的政治（政權）與經濟（金權）制度軟體，而清末中國人的識字率也就在百分點的數量級。日本維新能夠迅速奏效，國民教育是關鍵因素，幾乎全民都迅速成為"知識分子"，資訊、知識、教化（政法與公德等軟體）得以普及。

〈日本維新一開始的大小學堂總數，跟 40 年後清末新政的學堂總數差不多，而那時中國人口是日本的 10 幾倍〉

天下大亂嘛，造就很多"雄"案例，跌破眾人眼鏡。比如，留德的**段祺瑞**，清廉的程度，足以列入中國歷史記錄。**徐樹錚**，甚至陳兵蒙古，1917迫外蒙取消自治，回歸中國軌道，成為唯一"外戰"的"軍閥"。

而**吳佩孚**，正經八百考選的清末"秀才"，卻從軍當兵，士兵做起，做到"元帥"，麾下官兵完全土派，卻打敗洋派對手。他後來被國共合作的黃埔鐵軍擊破，歸隱天津，自言"得意時，不娶妾，不積金銀。失意時，不出洋，不進租界"。抗戰時期，日軍侵吞華北，想迫吳佩孚出山抬日本轎子，威逼利誘不成，只好將他毒殺。吳佩孚，絕對是史上最具士大夫氣節的"軍閥"之一。

另外，現代人對"軍閥"的形象，多以割據華北的武人為主。實際，民國初年的"革命黨"，一樣也出割據的"軍閥"，華南華北都有，如**閻錫山、趙恒惕、陳炯明**等，對地方鄉里或多或少都有所貢獻。其中，陳炯明更是特例的特例，不但生活嚴謹（於公則廉潔、禁賭，於私則儉約、不色，這些特質，孫中山先生公開自嘆不如，蔣介石就更別提了），並且是貧困以終，絕不下於吳佩孚。

事實上，經過西元 19 世紀的諸多科技變革，歐洲人也一樣忐忑不安地邁進 20 世紀。他們一面互相廝殺，一面也"八國聯軍"劫掠中國。

人類各地社會都處於大變革、大革命的狀態。中國人也感染的特別強烈…。

人類邁進 20 世紀的政治事件標誌，中國有八國聯軍之役及武昌起義，世界則有歐戰。

歐戰（第一次世界大戰） 西元 1914-1918 年

日本明治維新之時，也是歐美進行第二次工業革命之時，在 40 年內，人類不但將工業生產科技化，並且有了相對論，揭開了物理世界的奧秘。

前此的 100 年間，第一次工業革命，人類用機器生產取代手工生產，用蒸汽動力取代人力或獸力。 而第二次工業革命的 40 年間，人類用化工生產燃料、材料、日用品與醫藥，用電力來運轉機器與通訊、照明，用內燃機來驅動汽車、飛機、輪船、坦克。

第二次工業革命的技術，不再是中國人概念裡的"術"，通通需要數理化知識，以及，科學的方法學。沒有科學，就無以發明或掌握這些技術，

"科技"是很恰當的轉譯詞。這時段人類開發的科技,沿用至今。比如,因電磁學而產生的無線通訊與發電機,因電力而產生的電燈、家電、電影,因化工而產生的無煙炸藥、塑膠、醫藥等等。而集成的應用,汽車、飛機、電控等等,就更為廣泛。

我們要強調的是,科技加速發展的勢頭。西元 1916 年,**愛因斯坦發表廣義相對論**,人類當時還無法實證。但 29 年後,美國就研製出原子彈。

西元 1871 年,普魯士王國在宰相俾斯麥的輔佐下,打敗法國,成立德義志帝國,就是此後的德國。德國科學發達,是第二次工業革命的主要地區(發電機和汽車,都是德國人發明的),德國也因此富強。

但到西元 20 世紀時,世界早已被英法美俄等老牌列強瓜分的差不多了,德國已經沒有餘地可以擴張,除非重組世界秩序,跟英法俄打仗。

當時的歐洲,各國利益糾纏,關係複雜,合縱連橫,又聯合、又鬥爭。大致,英法俄為一邊,德奧土為另一邊。西元 1914 年,奧匈帝國的皇太子,在塞爾維亞被刺殺。奧塞宣戰。

塞俄有盟約(都是斯拉夫人),英俄、法俄也有盟約(制德),這是一邊。德奧有盟約(都是日爾曼人),又拉土耳其下海(制俄),這是另一邊。於是,英法俄、德奧土,大打出手。

西元 1917 年,美國也對德宣戰,實則早已站英法那邊。

歐戰是個浩劫,科技,使得火炮精良,毒氣、飛機、坦克都是相對新鮮的東西,立刻應用到戰場。科技,也使得動員高效,大量兵員被迅速集中到戰場。而軍事將領的意識與經驗,還停在沒有這些東東的年代。戰事大抵都很快陷入膠著的陣地戰狀態,火網密蔽,雙方都傷亡慘重。

西元 1917 年,俄國人民不堪戰爭的耗損,革命,俄國退出歐戰。

西元 1918 年末，德國力不能支，投降。此後，巴黎和會，列強迫德國簽署極其屈辱的降約，15 年後就引致納粹德國崛起。

歐戰代價，約 1000 萬人陣亡、2000 萬人受傷。所幸，雙方將領雖然使用毒氣彈，大抵不濫殺平民。但 1918 年春爆發了 "西班牙流感"（現在知道，就是禽流感），2 年內，全球近 4000 萬人死亡（當時世界人口 17 億，感染約 6 成），成為歐戰不得不停的原因（各國都抽不出兵員），美國電影院等公眾場所甚至關門長達 1 年。

歐戰打出兩位名人：

① **凱末爾**，在奧斯曼土耳其帝國首都伊斯坦堡保衛戰時任師長，擋住敵軍的進攻。歐戰後，土耳其被瓜分，他領導獨立戰爭，驅逐列強、廢除不平等條約，成為現代土耳其的國父。

② **勞倫斯**，英軍少校，不流俗的知識分子，他實際領導尋求獨立的阿拉伯部落聯軍，打敗、驅逐當時統治阿拉伯的土耳其軍。但歐戰後，列強還是瓜分了中東。

《民國時代》 西元 1912 – 革命尚未成功，同志仍須努力

武昌起義那一年，辛亥年，武漢給中國的變革開了鍋，中國各地一哄而起鬧**辛亥革命**，比如，**蔡鍔**，也領著新軍與革命黨人（年輕的**朱德**也在其中），攻佔昆明，宣布雲南獨立。這其實是那時的狀態，革命，是辛亥年的標識與時尚，不獨湖北，更不只雲南，當然也不止同盟會、光復會、新軍、民團武裝等等等等。這年年末，<u>光復會</u>組織的蘇浙聯軍打下南京後，南方各省"都督"的代表們響應"**中華民國**"的號召，到南京集會，成立"中央臨時政府"，北京清廷的中央政府則派袁世凱主持"南北議和"。顯然，袁世凱跟孫、黃的同盟會，不斷別有"溝通"，議和的雙方似乎把賭注都押在槍桿子袁世凱身上。

西元 1912 **年**，**民國元年**，條件談攏嘍，
2 月，清王室取得民國政府優待條例，末代小皇帝<u>宣統</u>退位。
3 月，袁世凱則被南京臨時政府的代表們"選"為第二任臨時大總統。
一時之間，革命黨人大概興奮地認為，革命已經成功，跟武昌起義一樣容易。。。

不用說，袁世凱當然不會到南京就職，而且很快就把"中央臨時政府"搬到北京。西元 1913 年，選舉大勝的**宋教仁**被刺殺，臨時約法的內閣制，自然破局。

當時國會議員分屬數百個政黨，容易收買，袁世凱更不會按照約法的規定辦事。

中華民國一開始運轉就是個軍政府，<u>北洋政府</u>，表面上是中國唯一的中央政府。

西元 1912-1928 年是"**北洋政府時代**"，北洋嘛，北京中央政府的政令，大抵只能貫徹於北洋軍勢力能夠到達的地區。

西元 1916 年，袁世凱死後，黎元洪以副總統身分繼任總統，**段祺瑞**則是實力的國務院總理。這時，列強**歐戰**業已進行快 2 年，交戰雙方起初都從中國組織勞工到歐洲協助戰地勞務。日本參戰後，對德、俄宣戰，目標便是德、俄的中國地盤，日本迅即兼併了劣勢德軍的山東。此後，大量中國勞工被英法招募到歐洲（大部分在法國），達 17 萬人。中國實際等於站在了英法這邊。

西元 1917 年，

⊙ 俄國革命，推翻帝制，俄共最終取得政權，俄國退出歐戰。

⊙ **段祺瑞**強力主導對德絕交、宣戰，當年收回一些德租界，停付對德賠款。

  段祺瑞的強勢運作，引起一連串國內事件，包括張勳短暫的宣統復辟、國會的解散、黎元洪的倒臺、馮國璋的代理總統等等。

  最終孫中山趁機另組廣州非常政府，聯合西南軍閥，對抗北洋政府。段祺瑞則以北洋皖系，脅迫北洋直系一起對南方，進行 "武力統一"。

西元 1918 年末，歐戰結束，英法美日勝利，德奧土俄瓦解，

⊙ 西南軍閥操控非常政府，此後 4 年，孫中山幾番進出廣州，完全無法對抗北洋，迅速失去西方和日本的支持。

⊙ 段祺瑞的武力統一政策，以祕密向日本大規模借款的方式（當然損失國家權益），擴張北洋皖系，並驅使北洋直系對西南用兵。結果，外則加速了日本獨佔東北權益，內則打造出**吳佩孚、孫傳芳、馮玉祥**新一代北洋軍閥。

西元 1919 年，英、法、美、日 4 強主控的巴黎和會 ＝ 歐戰分贓大會，

⊙ 德國割地、賠款，超出德人能夠負荷的程度，此後直接造成納粹迅速興起。

- 無視於中國這個參戰的戰勝國，列強將德國佔有的山東權益，強畫給日本。

- 英法也無視於對阿拉伯獨立的承諾，瓜分阿拉伯，造成直到今天的中東問題。

參加巴黎和會的中國代表**顧維鈞**，針對損害中國權益的相關條款，據理力爭，甚至提出廢除不平等的條款，列強相應不理。迅即的電訊、透明的資訊，消息瞬間傳到北京，沒幾天就引爆了**五四運動**。中國代表團最終退出和會、拒絕簽字。

五四運動，本質上，是青年中國知識分子自發的愛國運動，北大學生起的頭。做為社會與歷史的事件，這是個轟轟烈烈的數據點：

- 學生罷課、商人罷市、工人罷工、市民加入遊行，顯示明清以來結晶化的中國社會，經過前此 20 年的改革開放，至少城鎮這部分業已蓄積足夠的資訊、知識與能量，足以解凍晶體，釋放動能。

- 反帝國主義（集中於對日，反二十一條）、反軍閥，政治訴求的表達，無論形式和內容，都首開中國人的歷史先例。政治，還原為 "眾人的事"、打破統治階層少數人的獨佔，解放了中國人的政治意識，空前成功。

122

北大學生能夠觸發五四運動，本身當然也經過幾年的醞釀：

⊙ 西元 1917 年，上任校長不久的**蔡元培**，以學術自由的方式辦校，放任<u>李大釗</u>、**陳獨秀**、胡適、<u>魯迅</u>、**錢玄同**等教授繼續宣揚已搞了 1 年的**"新文化"**運動。

　新文化運動，主張揚棄傳統文化（尤其針對漢儒文化），代之以**科學**、**民主**，並從蘇俄引進了共產主義思想。

　科學、民主、打到孔家店、婦女解放、社會主義，成為那時最時髦的風尚。**蔡元培**開創北大自由思想的氛圍，是五四運動的原點。

⊙ 五四之前，新文化運動開始了更通俗易懂的、口語化的**白話文**運動。

　中國歷代，從隋唐開始，就有普及化的民間小說文學，用詞淺顯易讀，明清小說，三國、水滸、紅樓等等，更加平易，實際已跟白話差不大多。

　五四前，**陳獨秀**、**胡適**宣導文學現代化，進一步解放白話語文的應用。實際，當時的白話文體，有許多種，包括各地報刊常用的，比如，梁啟超等的文體。

　魯迅的<u>狂人日記</u>、<u>阿 Q 正傳</u>，則是第一批現代白話文小說，形成口語白話文。

　白話文運動，影響極其深遠，是中國人現代化的第一塊基石。
　原因：文言文與其他白話文體，都無以完全承載西方文明的轉譯。

西方文明，說理，是科學邏輯的；言情，是個人主義的；而無論情與理的表達，以及，律法規制，都訴諸跟眾人溝通明白、引起理解或共鳴。並且，西方文字，承載**訊息**的傳遞，事物的定義必須明確，沒有含糊的餘地。

而傳統中國文體，典故的理，都是政治或道德的習性，不是數理的。所描述的情懷，一般人也難於領略。要傳遞確切資訊，文言遠遠不如口語。

總之，現代口語化的白話文，使得西方律法、科技、文學等，得以大量被轉譯成中國人讀的明白的東西，真正使得中國人跟世界接軌。

五四運動後，孫中山改組**中國國民黨**，沿用至今。段祺瑞愛將，**徐樹錚**，則陳兵蒙古，迫外蒙取消自治，回歸中國軌道。

西元 1920 年，北洋內訌，北洋直系打敗皖系，段祺瑞倒臺。
這直接是五四效應。
這年，**李大釗、陳獨秀**開始積極宣揚、籌建**中國共產黨**。

西元 1921 年，**中國共產黨**在上海正式成立，
到會的包括**毛澤東、何叔衡、李達、董必武、陳潭秋、鄧恩銘、張國燾、劉仁靜、陳公博、周佛海**等。

西元 1922 年，孫中山的廣州非常政府以失敗告終，退回上海。

（1912-1922，民國成立之後 10 年間，無論建國、討袁、護法、新文化運動，孫中山基本上都處於中國社會邊緣的狀態，無足輕重。這時，他才醒悟到，革命不能寄人籬下，決定主動尋求國共合作）

1923 年 1 月，失去歐美日列強支持的孫中山，在上海與蘇俄代表**越飛**會晤，正式取得蘇俄的支持與合作。當時雙方發表的"孫越宣言"，應該是中外之間第一個"平等條約"，雖然宣言本身不具備約束力。

2 月，**孫中山**回到廣州，8 月派出蔣介石、沈定一、張太雷、王登雲四人組的"孫逸仙博士代表團"赴蘇俄考查，10 月，以蘇共的**鮑羅廷**為顧問，參照蘇共模式改組國民黨。

1924 年 1 月，孫中山確立了改組後的國民黨三大政策，**聯俄、容共、扶持工農**，同意中共黨人以個人身分加入國民黨。當時國民黨中央執行委員會（含候補委員）的 41 名成員中，有 9 個共產黨，包括**李大釗、陳**

獨秀、譚平山、林伯渠、瞿秋白、毛澤東等，31 歲的毛澤東更是由孫中山直接提名的。而國民黨中央 8 個部，組織與農民部長為共產黨人。3 月，在蘇俄大量軍火和金錢的資助下，成立黃埔軍校。

這年，蘇俄進軍外蒙，成立蒙古人民共和國，外蒙古自此進入俄國軌道。

黃埔軍校，孫中山任命**蔣介石**為校長，這是蔣介石一生的轉捩點。

這年末，馮玉祥在北京發動政變，北洋直系大總統曹錕倒臺，**馮玉祥**與**張作霖**聯合擁立**段祺瑞**代攝執政。孫中山撐著病體（肝癌）應邀到北京，共襄國事，但北洋政府堅決不同意再成立國會。

西元 1925 年，孫中山在北京病逝，時年 59。
7 月，廣州成立**國民政府**，跟北洋政府分庭抗禮。**汪精衛**當選國民政府主席。

但孫中山生前的左右手，立刻分裂為堅決執行孫中山聯共政策的 "左派"（**廖仲愷**為典型）與反對聯共的 "右派"（**胡漢民**為典型）。國民政府成立之後才 1 個月，**廖仲愷**被刺殺，破案謎團重重。

掌握文武實權的**汪**、**蔣**趁勢合作，放倒胡漢民，蔣介石從此站到舞臺前列。。。

被**國民黨**尊稱為國父的孫中山，28 歲組織**興中會**，堅持了長達 31 年的革命生涯，一生顛沛流離，至死認為 "革命尚未成功"。堅定的理想與信念，是孫中山奮鬥的唯一支撐與力量。

從人性常情看，孫中山常年生活在外國，一方面深感中外差距太大，一方面也懾於列強淫威，老想得到列強外援。蘇俄革命與五四運動的成功，使得孫中山終於覺悟到，中國革命要成功，非 **"喚起民眾"** 打倒帝國主義與軍閥不可。

蘇俄的資助，必定也讓孫中山感慨良多，雖然沒有其他列強慣用的 "本金" "利息" "權益" 等等條款，但俄國家機器染指東北鐵路與外蒙的意圖，卻不因共產制度而有所改變。然而，列寧時代的蘇俄，世界革命的激情高漲，確實是當時中國革命唯一的助力。

西元 1926 年，**張作霖**的奉軍進佔北京，段祺瑞退出政治舞臺。

這時的奉軍，擁兵 40 萬，據有東北、山東、京津。北洋直系，**吳佩孚**據有湘鄂豫冀、依託京漢鐵路沿線，擁兵 30 萬；**孫傳芳**則據有蘇浙皖贛閩，擁兵 20 萬。

但西元 1926 年的國民政府卻毅然決定**北伐**。當時國民革命軍，10 萬，據有兩廣、及於湘南。除了看透北洋軍各自為戰的心態之外，國共合作的黃埔軍校也在短短兩年半內，培訓出黃埔 1-4 期軍官，平均每期 9 個月，共約 4700 革命軍人。

國民政府進行國共合作才兩年多，底氣就已經大到意圖 "武力統一" 中國。此後，**北伐**，成為國共兩黨共同的政治話語。

西元 1926-1928 年，國共合作的**北伐**時期，發生了許多事：

○ 首先，共產黨，改變了知識分子的思維模式：既然 90+%中國人是鄉村農民，如果革命不能改善農民的境況，如果革命無法獲得農民的支持，那 "中國人" 幹嘛要革命？

大地主家庭出身的知識分子，**彭湃**，留日唸大學時，正好經歷了俄共革命、日本平民因米價飆漲而暴動、中國學生五四運動，彭湃成為自我覺悟的社會主義者。西元 1921 年，學成返鄉，任廣東海豐縣教育局長，立即趁機組織了中國第一個**農會**。第二年，他燒掉地契，把自己田產分給佃農，兩年內使海豐農會擴大到 2 萬會員。西元 1924年，**彭湃**到廣州加入中共，主持國共合作的**農民運動講習所**（辦了兩年，末任所長為**毛澤東**，共培訓了 800 個農運幹部）。

西元 1927 年末，海陸豐成立了中國第一個"蘇維埃"（工農兵政府），政策激進，跟地主武裝反復互相屠殺，只存在了 3 個月。後來西元 1929，33 歲的**彭湃**在上海被蔣介石的國民革命軍捕殺。

另一位跟**彭湃**一樣覺悟到農民問題的，就是**毛澤東**。除了耕者有其田的土地分配之外，**毛**更看到中國人的歷史，改朝換代，其實就是農民運動的結果。西元 1926 年，共產黨主導的湖南農會已達 200 萬會員，初具"人民戰爭"雛形，群眾以嚮導、情報、補給等諸多方式支援北伐軍作戰。

⊙ 西元 1925 年 5 月，上海發生日資廠勞資糾紛，共產黨組織工人罷工，日方槍殺工人代表，隨後在英租界遊行的工人與學生，又遭英方開槍，死傷數十人。於是，全國沸騰，上海罷工、罷課、罷市，各地波浪式展開，"反帝"成為當時的政治話語。群眾運動的文宣，成為共產黨助長北伐軍的利器。

⊙ 北伐軍於西元 1926 年首戰**吳佩孚**軍，**葉挺**（共產黨員）獨立團造就了張發奎第四軍**"鐵軍"**的威名。實際，各路國民革命軍，都勢如破竹，不齊心的北洋軍系，**吳佩孚、孫傳芳**，被各個擊破。

⊙ 西元 1927 年，3 月，北伐軍攻佔南京；**周恩來**等發動上海總罷工，隨後，工人武裝佔領全市，但蔣介石的北伐軍旋即接管上海。這時，北伐軍已奄有長江以南。北方則西北的**馮玉祥**、山西的**閻錫山**，均已參加國民革命軍，指向北京，對奉軍與北洋軍系作戰。

4 月初，**汪精衛、蔣介石**在上海商定**汪**主政、**蔣**主軍。**汪**遂前往武漢。當時，連黃埔軍校在校生也分成兩部分，分送武漢、南京。

但蔣介石突然變卦，他自己火速趕到南京組織政府，並在上海發動"清共"，殘殺共產黨員。蔣介石在上海"突然"聯合上海灘的幫派清共，當然不是發瘋，陳其美陰魂不散，青洪幫跟商團，早替蔣介石設計好了列強的圈套，棄蘇俄、投美英唄。清共，是蔣的"投名狀"。

到達武漢後的汪精衛，莫名其妙，不知道蔣介石搞啥名堂，立馬宣布開除蔣介石黨籍。後院著火，北伐停頓。

7月中，**汪精衛**的武漢國民政府驅逐**鮑羅廷**，也開始清共。

8月1日，**周恩來、朱德、劉伯承、葉挺、聶榮臻、陳毅、賀龍、周士第**等，

在南昌發動起義，就是後來的紅軍的原點，其中大多是張發奎部的共產黨人。

當時在南昌的還有**譚平山、吳玉章、林伯渠、李立三、惲代英、徐特立、彭湃、郭沫若**等人。一度達到2萬人馬。

紅軍成立後，汪精衛政府一面調軍圍剿、一面集結部隊準備跟蔣介石的南京政府幹架。不久，蔣介石下野，汪精衛回到南京主政，恢復單一國民政府。

9月上旬，**毛澤東、何長工**等以少部分軍人、大部分工農武裝，萬把人不到，在贛湘邊區發動起義。一開始，跟南昌紅軍一樣，遵循歷史法則，攻打城鎮、找尋資源與地盤，但隊伍渙散，減員嚴重。不到個把月，毛澤東的智慧使得他果斷改變計畫，縮編部隊，以黨管軍、黨支部建在連隊、成立士兵委員會、官兵政治上平等，並調頭向南，千人隊伍，進入贛南山區。歷史的偶然，使他遇到井岡山的土共，**袁文才、王佐**，袁文才情願助**毛澤東**夯實井岡山為根據地，而**袁**以區區數百人游擊於山林，湘贛地方部隊，均無可奈何。**毛澤東**的農運思路，自此更上層樓，土改之外，就是"農村包圍城市"的原點。

隔年，**朱德、陳毅**率殘部千人，輾轉跟**毛**會師，合力擴大"蘇區"。

毛澤東進井岡山的10月份，蔣介石也同時蛻變，"下野"的蔣介石到日本，不是去尋求日本支持，他已經談好美英的支持了，他這是去跟宋美齡的老媽白相白相去的。蔣介石返滬後的12月份，他丟棄現有妻妾，跟宋美齡結婚了，而且改信耶穌教，就此透過聯姻、搭

上美國關係。。。（國民黨還學會俄式惡習，散播塗改過的照片，抹去老蔣從前老婆、戰友）

西元 1927 年，是很多事的一年。這是老蔣篡黨、篡軍、背叛孫中山革命路線的一年，也是共產國際資助的國共合作解體的一年。此後，國民黨成為老蔣的私產，中共則走出中國特色，成為跟俄共不怎麼一樣的共產黨。

☉ 西元 1928 年 1 月，新娶了宋美齡的蔣介石復出，仍任北伐軍總司令。

蔣介石、李宗仁、馮玉祥、閻錫山，各路國民革命軍聯手，6 月初進佔北京。**張作霖**乘火車回東北時，被日本炸彈刺殺。12 月底，**張學良**將東北易幟，國民政府“統一”了中國。

此後，直到 1930 年末，蔣介石一連串內戰，先後收拾李宗仁、馮玉祥、閻錫山，黨政軍一把抓，獨裁統治，剩下共產黨一個“釘子戶”。

西元 1930 年末-1934 年末，蔣介石 5 次派兵圍剿江西蘇區，事實上，對任何共產黨的地盤，老蔣都施加圍剿。

西元 1932 山東各地湧向大連火車站，準備移民東北墾荒的農民，數目以百萬計。

清末開禁後的 60 年間，東北人口達到 3 千萬，暴增 20 多倍。

剿來剿去，給共產黨長了經驗。在實力對比懸殊的邊際條件下，共產黨把人的因素，運作到了極致。錯誤是難免的，迅速做出正確的總結、合理的改正，是那時共產黨得以生存的唯一法門。何況蔣介石的兵將也不是白癡，交戰雙方都是押上身家性命的人。。

西元 1934 年末，在老蔣越來越大的壓力下，形勢很明白，華南蘇區暫時難以大規模立足，於是共產黨決定放棄華南根據地，各路紅軍為找尋生存空間而奮鬥（逃命）。各路紅軍開始**長征**，實際是，突圍，衝出老蔣的包圍圈。

這時候，上海灘習性的蔣介石，明顯不如農民習性的毛澤東。
老蔣上海灘黑道式的耍狠，不過是包娼、包賭、定些陋規欺負小市民、收買地方勢力，維持體面上的"統一"。 這跟老毛草根式的狠勁，不是一個數量級。

比如，老毛的智慧，會專挑偏僻的地區行進，農民特質的紅軍的腳，必定比老蔣的部隊快，因為沒大路，汽車開不到…。農民隊伍的堅忍，當時就把老蔣的追擊部隊活活累跨，著名的四渡赤水戰役，連**林彪**都一時看不懂老毛的打法。老蔣動員百萬大軍，不乏機械化部隊，都無法跟上老毛的"中國式機動"，老毛紮紮實實地實創造出中國邊際條件下的、有別於草原機動與海洋機動的特殊生存方式。

西元 1935 年 1 月中，共產黨在貴州遵義開會、總結前此的教訓，確立了老毛的領導。此後，雖經張國燾的分裂行徑，以及，長途行軍的困頓，朱毛紅軍在 10 月下旬到達陝北蘇區，加上先後相繼到達的各路紅軍，共保存了大約 3 萬紅軍。（張國燾率部，單獨進入甘寧，幾乎全軍覆沒）

原本據有陝北蘇區的**劉志丹、習仲勳**，誠心接受黨中央、**毛澤東**的領導，可以說，共產黨人的人格特質，使中共有了根據地。綜觀中國人的歷史，甚或其他人史，讓出已有地盤的事，極其極其罕見，老毛一生卻碰到兩次，一方面，這是人類社會主義思想的勝利，公心壓倒了私欲，另一方面，中國人也透過共產黨的運作，看到了什麼是<u>組織力</u>。

老蔣自然不會放鬆對陝北的圍剿，但習性決定了他的思維與格局，而紅軍經過鐵與血的鍛造，已經脫胎換骨，儘管共產黨還會繼續犯這個那個錯誤，成熟的組織，使得回饋機制實在而自動，尤其是群眾文宣，共產黨始終佔據中國政治話語權，可見"社會主義"對業已 2500 年的小農經濟的絕大多數中國人，具備多大的吸引力。這些事實，具體反映了中國社會真貌。

紅軍長征前，**陳毅**負傷，只能留下來在贛粵邊區的高山密林繼續打游擊。他沒被打死、也沒被餓死，能夠堅持到最終發展成為抗日戰爭時期的**新四軍**（仍以**葉挺**為軍長，繼續北伐軍第四軍的番號），這個數據本身，也反映出，那時的中國仍在變動之中，國民政府還在"打天下"，而蔣介石獨裁下的國民黨，卻不知道如何經營人民群眾。

我們把中國近代史，像放映紀錄片似的，將影片放映的速度加快，以便畫面自然凸顯了脈絡，而不掉入繁雜的細節。我們已經羅列了許多名字和事蹟，但正如人們回顧前人歷史那樣，大家只會記得那些留下深刻印記的、代表性的人與事。

辛亥革命，並不是非常有組織的"革命"，實際也沒怎麼流血，相當和平，剪辮子剪了 10 年也沒剪完。那時，資訊，其實相當局限於城鎮，鄉村一直是個相對封閉的、近乎絕緣的世界。但所有的社會變革，都是從打爛上層結構開始的。

孫中山或**梁啟超**等等促發的變革，代表中國知識分子在西方文明衝擊下的一個反應。而"人"的反應，人腦對資訊的反應，感受與認知，首先，受限於他的所見所聞，其次受限於他原有的<u>意識</u>（教化、制度、生活經驗，塑造了每個人的意識）。知識分子本來就有權力的習性，在輸入這樣、那樣的"模式"的時候，他的政治意識與熱情，遠大於理智。並且，顯然，直接照抄別人的模式，是條簡便的捷徑。東洋的日本，抄起來方便些，日文至少 60+% 漢字嘛，西洋的英法德美俄，抄起來比較費勁，先得學會他們的語文。然而，語文的背後，是外洋的歷史文化，沒法抄，甚至轉譯都有困難。

我們其實沒有資格批判民國時代的知識分子的局限性或功利性，中國人直到現在，都還在探索怎麼真正跟世界上的其他人、其他文明接軌。而且，社會主義的共產經濟，或資本主義的自由經濟，都只是智人勾勒的理想藍圖，一旦落實到具體實施的制度 "模式"，永遠面對人性與習性的邊際條件。

"社會主義" 比較新鮮，馬克思的 "共產主義" 是針對英國現象而構想的藍圖。第一個付諸實施的數據點，來自俄國革命的列寧，充滿著俄國話語，這已經是馬克思難以想像的。社會主義這本新經，真做起來，要能適應、調得動中國幾億農民，也只好是 "中國特色" 的。孫中山倒蠻實在的，粘不到歐美日，俄國師傅也行，拉進門再說，共產黨跟練功似的，對著經文，看著蘇俄，琢磨著招式。。。

"資本主義" 不一樣，是本老經，那時全世界都走資，用不著經文了，中國人依樣畫葫蘆，也跟著走資。武昌起義時，還沒有俄國革命，那時外洋政治上的樣板，無非共和或君主立憲。社會上，唯利是圖就是資本主義嘍，愛死了銀元、英鎊、美鈔。但中國人一定不知道，印發美鈔的<u>聯邦儲備銀行純屬私人機構</u>（而且股東結構是公司祕密，因為是私人公司），唯一的利潤來源便是壟斷美國政府的貨幣發行（美國政府還不能自己印發美鈔），印發美鈔，並 "借" 給美國政府，搞了 200 年穩賺不賠的生意，怪不得美鈔年年通貨膨脹。老蔣顯然也搞資本主義，但老蔣讀過資本主義這本經嗎？現代中國人，包括 "海歸"，又讀過嗎？

中國近代史有個清晰的特徵：知識分子熱切於使中國 "前進"，各種洋經文都拿來唸，中國各種 "主義" 之多，跟漢唐時代各種佛經與菩薩之多足可類比。。。中國人把漢儒文化的教條，自然的推廣到西學上了，甚至講究起外洋的 "師門" 來。

132

可是，歐美經籍，歐美人卻從不教條化，只有比較、求證、數據、推理的功夫。並且，在應用上，歐美功力，全都實用於切合他們所處的時空裡的社會人群。

列寧沒忘記俄國社會的邊際條件，日本漢化、西化也沒忘本，中國人倒似乎忘記了 2500 年的小農經濟下的大量繁殖的農民人口，才是中國"人"的真正問題。

老蔣開始圍剿紅軍的時候，西元 1929 年末，歐美發生第一次金融海嘯，全球性經濟蕭條，歐美列強各自忙著自掃門前雪，德國**希特勒**趁勢崛起，亞洲一時真空。

<u>西元 1931 年</u>，日本自導自演了 9‧18 **事變**，炸死東北軍閥張作霖。張作霖的兒子，**張學良**，不知道哪根筋不對，下令東北軍"不抵抗"，1 年半內丟失東北。西元 1932 年，日本不但又在上海自導自演了 1‧28 事變，遭遇 19 路軍**蔡廷鍇**部的頑強抵抗，3 月初，日本更在東北導演了由末代皇帝<u>溥儀</u>登基的<u>滿洲國</u>。全國輿論譁然，國民政府遂增兵上海，助 19 路軍頂住日軍攻勢，5 月，美英干涉，日本退兵，上海恢復原狀。（但隔年，陳銘樞、蔡廷鍇搞福建獨立，被老蔣敉平，19 路軍不復存在）

<u>西元 1935</u> 年秋末，各路紅軍開始到達陝北後，老蔣立即在西安成立"西北剿匪總司令部"，調已經進關的東北軍圍剿紅軍，自任總司令，以張學良為副總司令。

但面對久經陣仗的紅軍，11 月底前，東北軍連 3 敗，只能對峙。這時，中國人的心情，主要針對日本的入侵，普遍厭惡繼續內戰。當日本要求的"華北自治"緊鑼密鼓的時刻，北京的學生們爆發了 12‧9 遊行，呼籲"停止內戰，一致對外"、"打倒日本帝國主義"…，一時全國回應，給老蔣"攘外必先安內"的話語造成巨大壓力。由於在校青年共產黨員**姚依林、郭明秋、彭濤、黃敬、周小舟**等，是這次遊行的推動者，共產黨隨後將之發展為"抗日統一戰線"。

"統戰"，此後成為共產黨的政治法寶。

西元 1936 年，6 月，粵軍、桂軍趁機聯合提出"北上抗日"要求，意圖衝破老蔣的專制，蔣介石則以收買的方式瓦解粵軍，廣東空軍、海軍部隊的飛機船艦，投歸國民政府。桂軍見狀，唯有"和平解決"。

12 月初，心滿意足的蔣介石，趁勢到西安，準備押著**張學良、楊虎城**上陣剿共。不久，爆發**西安事變**，張、楊扣押老蔣，兵諫，要求老蔣抗日。

事變發生後，張、楊請共產黨一起商量後事，**周恩來**被派去西安參與。結果，年底前，蔣介石僅只口頭承諾抗日，而**張學良**竟釋放、並陪同蔣介石飛回洛陽。蔣介石迅即回到南京，張學良則終生軟禁在蔣介石眼皮下。

西安事變，充分反映出人史的曲折，攪拌著那麼多人的習性、意志、認知、行為。但對日抗戰，給了蔣介石一個真正意義的"領袖"格局的平臺，雖然對從來只有幫派私心的蔣介石，要當中國人的領袖，確實有點為難他。

蔣介石被逼上民族抗戰領袖的寶座，共產黨還額外從蘇俄要回來他的獨子蔣經國。美國人則大大鬆了口氣，至少可以暫時不用考慮換代理人。

西元 1937 年，7 月 7 號，
日本挑起**盧溝橋事變**，蔣介石宣告，抗日戰爭開始。

這又是另外一個弔詭：雙方不宣而戰，仗照打，和照談，租界照樣存在。

1941 年末，日軍偷襲美國珍珠港之後，美、英才與中國結盟，中國則正式對日、德、意宣戰，此後，對日抗戰的中國，成為第二次世界大戰的中國戰區。蔣介石理所當然地成為中國戰區盟軍總司令，其嫡系部隊的裝備則從德式轉為美式。

西元 1937-1941 年，八年抗戰的頭四年，世界局勢很詭異。

⊙ 大背景：西元 1918 年歐戰結束後，最大的新生事物，是出現社會主義的俄國，這有可能顛覆整個既成的歐西資本主義體制。因此，當時的列強美英法日都"反俄"，其實他們的默契是"反共"。聯俄容共的孫中山，暫時看不出作為，但北伐軍成功展開後，列強立即押寶、收買蔣介石，以免中國繼俄國之後赤化。但 30 年代初的金融海嘯餘波，暴露了資本主義的重大缺陷，全球經濟蕭條，大量人口失業，使得各國都出現了激進的左翼或右翼政黨。

西元 1927 年起，蘇俄史達林集權統治，進行農業集體化，並改造整體重工業，使蘇俄在 30 年代初的歐美頹勢中，得以重新進入國際舞臺。

西元 1932 年起，德國希特勒也在歐美頹勢下集權統治，希特勒的納粹黨，號稱國家社會主義工人黨，以"反共"來沖淡列強對德國再起的顧慮。英、法對德、日擴張的姑息政策，主要默契便是押著德、日為阻抗蘇俄東西兩線的屏障。

西元 1937 年，德、日、意簽署共同"反共協定"，便是軸心國的原點。

⊙ 西元 1936-1939 年的西班牙內戰，左派的政府軍與佛朗哥領導的右派叛軍，成為全球左右翼勢力與新武器的較量場。德義直接派兵協助右派叛軍，蘇俄派空軍支援左派政府軍。全球 50 多國的民間知識分子則組織國際縱隊投入西班牙政府軍的戰鬥序列，包括美國的著名作家海明威、奧威爾等等，以及，全球各地的前進華僑…。

西班牙內戰，明顯揭櫫人類社會主義理想，以及左右翼國家機器的對抗。最終，佛朗哥右派勝利，西班牙成為法西斯國家，西班牙國寶、現代最著名的畫家，畢卡索，移居法國。

史達林治下的蘇俄，面對列強東西兩線的壓力，選擇了淡出西班牙內戰，但英法並未選擇跟蘇俄聯盟以對抗德國法西斯，史達林遂於西元 1939 年夏末簽署俄德互不侵犯的祕密協定，一周後，希特勒立即集中兵力進犯波蘭，英法對德宣戰，成為第二次世界大戰的原點。

⊙ 西元 1931 年，趁經濟大蕭條的歐美頹勢，日本炮製 9‧18 事變、加緊入侵中國，此後直到 1939 年冬，日本主導的日俄遠東摩擦事件，大小總計約 150 起。日本長期試探蘇俄遠東軍實力，無機可乘，日俄遂簽署停戰協定。

中國宣告全面抗戰後，史達林立即調派蘇俄參加西班牙內戰的空軍，助中國抗日，以牽制日軍、減消俄遠東軍的壓力。西元 1939 年冬，日俄在遠東停戰後，撤回蘇聯援華空軍志願隊以穩固蘇俄西線，總計派出飛機 1 千多架、飛行員 2 千、地勤人員 4 千，有 200+ 飛行員為中國抗戰犧牲。

⊙ 西元 1941 年春末，德俄接近開戰，蘇俄跟日本簽署俄日互不侵犯協定，停止對華一切援助。日本遂放手挑起美日宣戰、並南進東南亞，直接造成中國加入美英同盟國，對日德義宣戰。援華則由美國取代蘇俄，包括飛虎隊空軍。

1939-1940 由於德國 "閃電戰"，歐洲迅即淪陷，1941 二戰正式開打時的 "同盟國"，西線歐洲戰場是美英俄對抗德義，東線亞洲戰場是美中英對抗日本。

以當時的世界局勢，西線歐洲是主要戰場，但德軍始終無法逾越英法海峽，結果蘇俄便成為二戰最吃重的戰場。東線亞洲的中國則是次要戰場。實際按二戰破壞的程度，損失最大也是蘇俄，中國其次。

在上述邊際條件下，中日俄互相制約，蔣介石顯然可以既抗日、又反共。

八年抗戰對中國人而言，直接是百年前的鴉片戰爭起頭的、列強新式蠻族入侵的延續，日本的全面入侵，無疑標誌著列強入侵的高潮。抗日，成為中國人最一致的呼聲，又因為抗日而引致的大規模遷徙，使得中國人的民族感更加混同。而國民政府的吏治，則成為知識分子對政府認同

136

的指標，蔣介石的專制無以改善吏治，恰恰驅趕了民間勢力向對立面傾斜。

抗戰初期，二戰尚未爆發，蔣介石的軍事顧問是德國人，那時國民政府的軍備來源，各國武器都有，許多購自德國。蔣介石甚至有學習希特勒的傾向，隨著二戰的發展，自然也不可能成形。蔣介石專權的私心，使得國民黨和國民政府始終思想混亂、沒有任何"主義"，勉強以孫中山的"三民主義"做為門面的結果，毛澤東的社會主義思想，便成為現代中國唯一比較實在的政治話語。

<u>對日抗戰</u>

<u>西元 1937 年</u>，77 事變後，
8 月中，日軍進攻上海。蔣介石投入其德式裝備的中央軍（嫡系部隊）為抗擊日軍的主力，加上雜牌軍，共 60+萬國軍，對抗 7+萬日軍，國軍傷亡慘重。事實上，這次雙方的大較勁，老蔣親自指揮，卻選在淞滬平原以血肉磨坊抗擊日軍，實在不必，這是史迪威看不上老蔣的原點。中國人的歷史上，從未有過 3 個月亡國的例子，而且，滬寧之間，原本就建有國防線，可以不用付出如此重大的代價。日本人速戰速決的侵華策略，並不實際，錯誤的策略沒有僥倖成功的可能。換言之，儘管日本漢化很深，依然不夠瞭解中國。

12 月中，日軍進屠南京，約 30 萬人遇害（日本人迄今仍未勇於面對歷史事實，甚至企圖否認。**南京大屠殺**，越來越成為中國人仇日的痛點）。但 3 個月的淞滬戰役，大量國民政府人員、資源已經西撤至華中武漢。

這時，華北多處已經出現中國歷史經典的"漢人治漢""分而治之"的地區政權，當然是日本扶植的。同時，國共也再次合作，陝北中央紅軍成為"八路軍"，華南紅軍則成為"新四軍"。9 月末，八路軍展現了共產黨經典的游擊戰法，在山西<u>平型關</u>，殲滅一支日軍運輸隊，取得小勝。

西元 1938 年

日軍平行發動華北、華中攻勢，目標針對徐州、武漢。

2 月-5 月，日軍 3 萬北犯徐州，被 12 萬國軍阻擊。日軍在黃淮之間運動時，嘗足地方游擊隊與新四軍游擊戰的苦頭，日夜不得安寧。雙方主力最終在山東台兒莊決戰，日軍被打敗。整個戰事，日軍陣亡 1.2 萬，國軍則陣亡 4 萬。桂系**李宗仁**、**白崇禧**指揮的這支由雜牌軍為主的國軍的勝利，證實了，中國人只要團結，外敵並不可怕。

6 月，南犯的日軍，攻佔徐州、開封後，蔣介石下令花園口黃河決堤，日軍終不得南下會師，但淹死、之後餓死的民眾，約百萬數量級，造成黃淮下游對國民政府的不滿。

8-10 月，日軍另集結 30+萬，針對流亡於武漢的國民政府，進行大規模的軍事行動，蔣介石則在江西、湖南集結 110 萬大軍抗擊。會戰中，湧現對日抗戰最耀眼的將星，**薛岳**。會戰時，薛岳負責江西戰區，下轄原為粵軍、湘軍、黔軍的部隊。會戰結果，震驚世界，他在萬家嶺圍殲了日軍一個完整的師，過程中，日軍甚至空投 200 個下級軍官以補充該師軍官的重大傷亡，被圍日軍最後只逃脫千人，陣亡 1.4 萬，而薛岳軍則陣亡 2 萬。

薛岳的故事，也許是整個民國時代蠻典型的故事。年輕時的**薛岳**，跟**葉挺**同學，又是**鄧演達**的好友，這 3 個客家同鄉，都是**孫中山**的粉絲、忠實的護衛。但薛岳更像個專業軍人。北伐軍時期，薛岳師最先接收上海，隨後突然發生的蔣介石清共事件，使他這個"左派"被蔣介石剝奪軍權，只好走避香港。之後，參加粵軍，粵軍被蔣介石收編，薛岳又成為國軍，戰場上，成為南昌起義後的**葉挺**的對手。幾經周折，竟成為蔣介石麾下，非嫡系的虎將。。。

10 月末，日軍最後還是攻佔了武漢，國民政府更往西撤至重慶。這時，資本家**盧作孚**帶頭為抗戰前線運送兵員、物資，並大量將武漢地區的工業設施與人員後撤四川，成為抗戰必不可少的動力。而武漢會戰的結果，國軍傷亡 40 萬，日軍傷亡 14 萬，雙方都精疲力竭，抗戰進入對峙階段。日本靜悄悄地改變策略，透過德國大使對國民政府誘降，甚至許諾廢除不平等條約、歸還租界，歐美則希望日本能夠集中力氣對付蘇俄，就對國民政府施加壓力、逼和，但蔣介石堅持抗戰到底，日本則成功勸降了**汪精衛**，汪於年底出走河內。。。

這年末，武漢失守的局勢，終於敲醒了蔣介石腦袋瓜，決定採用共產黨的建議：在敵後區以游擊戰術消耗日軍。於是，成立抗日游擊幹部培訓班，共產黨派出李濤等 30 多個教官，國共合作，為國軍培訓出 5600 名抗日游擊戰爭的骨幹。

此後，日陷區充滿大大小小各種割據勢力：國軍、共軍、民間抗日組織…，各打各的游擊，一致抗日之外，也不時互相摩擦或聯合一下。

抗日游擊隊，成為抗戰無可忽視的主力，日軍只能不斷掃蕩，最終結果：國軍游擊區大量減少（游擊戰術，其實是農民戰術，國軍學不會），紅軍游擊區則倖存下來（日軍無力長期維持眾多分散的據點），到西元 1940 年中，共產黨已實際管治日陷區裡頭約 1 億人口，以及，200 萬民間武裝。

西元 1939-1941 年，希特勒閃電戰的成功（二戰爆發後 9 個月，德軍攻佔巴黎，法國投降），德軍一面轟炸英倫、一面向東進擊蘇俄，形成納粹擴張高潮。中日的對峙與消耗，使得中國也形成抗戰低潮。

西元 1940 年初，**汪精衛**在日軍護衛下，於南京另立 "國民政府"，其內閣成員包括原國共兩黨高階人士，成為當時國共兩黨一致口誅筆伐的漢奸集團。實際，汪政權成立前後，國軍地方部隊投降日軍的達到百萬數量級，他們成為日軍掃蕩淪陷區的主力，國軍原有的游擊區被大量消滅，只有擅長游擊戰術的紅軍存活了下來。

這年冬，**葉挺**的新四軍被國民政府被下令移往江北，途中被包圍的國軍消滅，就是"皖南事件"。（新四軍，從建軍起，共產黨派駐的膿包負責人，項英，除了跟葉挺鬧矛盾、掣肘之外，一無是處，很實在地反映了毛澤東"人的因素第一"的論述。新四軍，亡於項英）

低潮時期，紅軍於西元 1940 年在華北進行"百團大戰"，大量破壞敵後運輸線，削弱日偽軍，鼓舞華北民氣。此外，西元 1941 年末，**薛岳**長沙會戰慘勝，國軍傷亡 3 萬、換取日軍傷亡 6 千，但保住了長沙，誇大宣傳、鼓舞士氣。

西元 1941 年末，日軍偷襲珍珠港，湧現日本二戰時最耀眼的將星，**山本五十六**。他的航空母艦戰術，迅速成為現代海軍的經典。山本五十六也反對挑起太平洋戰爭，他明確告訴日本軍頭，他只有撐 1 年的本事，因為"美國的煙囪，比日本士兵的槍頭還多"。山本五十六最終死於美軍破獲日軍電訊密碼，他的座機被擊落。

珍珠港事變當天，美日宣戰，兩天後，中國參加美英同盟國，對日德義宣戰。美國的戰略意圖，是最終以中國為基地，進攻日本。

西元 1942 年，日軍勢如破竹，英國東南亞殖民地都被襲捲，列強喪失在華租界與特權，而"漢奸"**汪精衛**對中國民情卻自有領會，宣稱：英美已被驅逐，對英美的不平等條約已被廢除，並首開對日本廢除不平等條約的談判、簽字。

但日本的頹勢，其實在西元 1942 年中，已經造成：

中途島海戰，日本空母戰鬥群，被尼米茲指揮的劣勢美國空母戰鬥群擊潰，美日各損失 1 與 4 航空母艦，並且，日本除了損失大批有經驗的飛行員之外，還渾然不覺其電訊密碼已被美軍偵破。

尼米茲是美國最早的空母概念海軍將領，經過珍珠港與中途島的教訓，此後，美軍造艦立即圍繞著空母戰鬥群的概念，不再浪費資源於巨型戰鬥艦。而日本雖有珍珠港的數據，卻依然搞"內部平衡"，仍然把資源浪費於建造戰鬥艦。美國工業的造艦優勢，使得 2 年內，太平洋海權優勢便滑向美軍。逐漸喪失海權的日本，無法確保南洋的資源輸入，立刻反應到民生與軍備的匱乏，並且無以阻止美軍跳島前進，日本開始籠罩於美空軍轟炸之下。

西元 1943 年初，為提高蔣介石國民政府威信，以及，扭轉對中國人的宣傳，繼汪日簽約廢除不平等條約之後，美英跟國民政府迅速簽字廢除不平等條約（但英政府堅持繼續九龍租借條約，雖然那時港九被日軍佔領）。

真正廢除不平等條約的努力，北洋政府時代的**顧維鈞**是原點。歐戰巴黎和會之後，中國人一直努力廢除不平等條約，也跟列強之外的各國簽署了多項平等條約。

廢除不平等條約，無非就是針對那時的列強：英法俄美日德義。
就二戰爆發後的情況而言，可以干涉到中國主權的列強，那時只有英美日俄，無論是汪日協定、還是英美跟國民政府的協定，都無由執行（各國租界、海關等，絕大部分在日陷區），僅只是宣傳伎倆而已。

西元 1943 末，美英中 3 國領導在開羅會議，明確二戰後，東北、臺灣回歸中國，琉球則共同託管。而西元 1945 春的美英俄 3 巨頭雅爾達密約，美英便出賣中國主權。蘇俄，始終是廢除不平等條約的巨大障礙。

這些歷史，只能說明，國家機器，自有運作邏輯，跟什麼主義或制度，無關。人類的國家機器，原本就是權力制度的產物。

中國人廢除不平等條約，要努力到西元 1997 年收回港九為止。

在日軍橫掃東南亞的同時，美國派**史迪威**出任中國戰區"參謀長"兼中緬印戰區的美軍司令，實際中國戰區並沒有盟軍，蔣介石絕不會讓別人指揮國軍，也就不鳥這個參謀長，史迪威只好參加第一次中國遠征軍的入緬作戰。西元 1942 年春，緬甸英軍告急，10 萬遠征軍匆忙入緬解圍，**孫立人**部雖解救了一批英軍，但日軍已大面積佔領緬甸，打斷了滇緬公路的暢通，遠征軍入緬 2 個月後，蔣介石下令撤回中國，大軍進入<u>野人山</u>叢林，4 萬人葬身。

沒走進大山的**史迪威**與**孫立人**部，徒步撤到印緬邊界。**史迪威**立馬在印度成立訓練中心，重新組訓中國部隊，並換成美式裝備。當時美援只能從印度飛越喜馬拉雅山脈運往重慶，回程時飛機載回 "十萬青年十萬軍"，多數是從軍的青年知識分子，駐印遠征軍戰鬥力大大增強，史迪威方才有了一批可以打仗的部隊。。

西元 1943 年，**史迪威**率駐印遠征軍從印度築路向緬甸及雲南推進，西元 1944 年春末，遠征軍攻克緬北<u>密支那</u>機場，國軍另一支在雲南組訓的滇西遠征軍，也發動進攻，收復<u>騰沖</u>，進軍緬甸。中國遠征軍開始戰勝日軍，西元 1945 年初，各路遠征軍會師，中印、中緬公路全線開通，遠征軍凱旋歸國。

史迪威在前線作戰的同時，給美國總統**羅斯福**寫報告，明白指出，蔣介石雖抗日，但國軍的部署，許多兵力用於圍堵 "防共"，而紅軍從背後牽制的日軍甚至跟正面的國軍差不多。美國務院派給史迪威的政治顧問，**戴衛斯**，則建議美國應該與延安接觸，試探跟紅軍合作的可能性。蔣介石自然反對，但羅斯福施壓後，西元 1944 年夏，**美軍觀察組**抵達延安，成員包括美駐華大使館員**謝偉思**。

謝偉思與**戴衛斯**都是漢語流利的中國通，他們的結論：若美軍在中國跟日軍作戰，紅軍比國軍有用，至少戰地有群眾基礎、情報靈通，而中國若內戰，共產黨必勝。。羅斯福看到報告後，<u>美軍觀察組</u>便在紅區蹲了 2 年多，給美軍收集氣象、民情、日軍活動等情報。**謝偉思**與**戴衛斯**調回美國務院後，受到二戰後美國反共的影響，成為政治迫害的對象。

142

史迪威沒在中國戰場打完二戰。在蔣介石不斷的要求下，羅斯福於觀察組赴延安後的秋天，調史迪威回國。

西元 1944 年，物資奇缺的日本，只好在中國發動猛烈攻勢，打通華北經兩廣、越南進入東南亞的通道，意圖經過陸路交通線來輸送南洋與中國的資源。這回，薛岳也頂不住了。而紅軍在敵後的游擊戰越來越成功，日軍雖打通了交通線，但兵力分散、守不住，交通線時斷時續，主要城市也漸漸被國軍收復。

這年 6 月 6 日，艾森豪指揮 280 萬美英同盟軍在法國諾曼地登陸，由西線直接攻向德國。蘇俄軍則在朱可夫指揮下，由東線加緊進攻。戰火迅速撲向德國。

西元 1945 年，2 月 11 日，美英俄簽署雅爾達密約。
4 月 21 日，朱可夫軍攻進柏林，30 日，希特勒自殺，德國隨即投降。
7 月 16 日，美國核爆成功，26 日，美英中波茨坦宣言，命令日本無條件投降。
8 月 6 日，美國在日本廣島投下原子彈。
8 月 8 日，蘇俄對日宣戰。
8 月 9 日，美國在日本長崎投下原子彈。
8 月 15 日，裕仁宣布投降。

抗戰結束 = 內戰開始

八年抗戰，結束的很突然，因為美國研製出了極端祕密的大規模殺傷武器。蔣介石自然也結束了他的抗日承諾，於是，國共瞬間進入內戰狀態。

西元 1945 年 9 月 9 日之前，除了東北地區之外，國軍在各戰區正式受降，共接收 129 萬日軍、78 萬日僑。1 年內，基本上，都遣送回日。此外，汪政權與華北政權的部隊，50 萬，則被國軍收編，送進內戰。

蘇俄對日宣戰後，俄軍立即對日軍動手，大致以 3:1 的優勢兵力，摧枯拉朽，橫掃東北日軍。實際，因為一周後日本就投降，二周後俄軍以很小的損失佔領東北全境。日本人統治的東北，對中國政府的管治而言，長時間處於真空狀態，立馬成為國共必爭之地。

蘇俄對日宣戰，立即通知延安，朱德也立即下令紅軍兼程趕往東北。大抵在 11 月底之前，**林彪、羅榮桓**已經有 11 萬紅軍＋2 萬幹部進入東北，忙著接收地方武裝、政權。

隨後，有個混亂時刻。蘇俄迫於美英壓力（這時，只有美國長了核子牙），要求紅軍撤出大城市，交給國民政府接收。

9 月-11 月，蔣介石不斷以美軍機艦運載國軍到東北，集中了 14 萬兵力。11 月起，國軍接收了長春、瀋陽、哈爾濱、營口、本溪、山海關等重點城市。基本上，不外乎港口、鐵路沿線、城市，離此周遭 30 里開外，都是紅區。

而這時蔣介石卻犯了致命錯誤，遣散偽軍，沒飯吃的散兵游勇更加速投奔紅軍。"此處不留爺，自有留爺處，處處不留爺，爺去投八路"，當時是很真實的寫照。

紅軍還是老辦法，下鄉就下鄉嘛，農村包圍城市。從出關的共產黨隊伍，就可以看出國共雙方經營方式的差異：老毛派來 2 萬多黨政幹部，老蔣只派來軍隊。下鄉的共產黨，就地進行土改、夯實對多數人口的統治，並收編地方武裝、加以整訓，很快就發展成數十萬大軍。

西元 1946 年，為打通長春到瀋陽的交通線，國共在樞紐地，吉林<u>四平</u>，反復爭奪 4 次，雙方投入 40 萬人廝殺，共打了兩年仗。這是紅軍首次大規模進行攻堅戰，**林彪**啃到了硬骨頭，1948 年春最終打下四平，切斷在東北的國軍為兩大塊。四平戰役，僅只是國共全面內戰的縮影。

西元 1946 年中，趁國軍兵力仍占絕對優勢，蔣介石發動全面內戰，國軍不止在東北進攻四平，對隴海線、蘇中、中原的紅區，幾乎都同時發起數十萬部隊的進攻。但，比如，6 萬中原紅軍，立馬化為好幾路，分頭突圍，各自或進入山林游擊、擴張根據地，或進行小長征、進入鄰近紅區匯合，不剿還好，越剿越旺。

而圍剿蘇中的國軍，連 7 敗，打出紅軍一顆耀眼的將星，**粟裕**。

其實，日本投降之前，美國人**謝偉思**給國務院的報告老早就說白了：
蔣介石必敗，因為不得民心，沒有真正的群眾基礎。
但美國統治階層要介入別人家務事，居然派軍頭**馬歇爾**來調停，結果當然調不停。

西元 1948 年初，共產黨業已統治 90+%東北人民與土地，擁兵 70 萬。
西元 1948 年秋 **林彪**遂行**遼瀋戰役**，兩個月內，全殲東北國軍，進兵關內。

老毛跟老蔣的管理格局，在像遼瀋戰役那麼大的博弈上，判若天淵。老蔣喜歡遙控戰場將領的行動，甚至期望他們殉死。而老毛則充分授權，匯報到一定程度，便要求部將：臨機定奪，毋庸再請示。

從中國傳統學問看，共產黨勝在格局。

從西洋學問看，共產黨高在符合事物的動態規律，並且掌握主要矛盾：群眾，後勤支援，以及，主動的意識。

紅軍打下東北，是共和國武力統一中國的起點。
但武力只是共產黨的充分條件，必要條件的創造：

① 是老毛 "以農為本" 的中國式社會主義。紅區絕大多數是農民，生活簡單，但也有交易的需求，紅區的貨幣與經濟，一靠人民政府的

誠信，缺少金銀，就以物資做為發鈔的抵押，二靠共產黨幹部官員的樸素，官民差距不大，上下一起捱過匱乏日子，

② 得感謝老蔣，吏治貪腐、通貨膨脹，國民政府做到連城鎮小市民都唾罵：以 100 元法幣為例， 1937 可買到兩頭牛，1938 可買到一頭牛，1941 可買到一頭豬，1943 可買到一隻雞，1945 可買到一條魚，1946 可買到一個雞蛋，1947 可買到半盒火柴，到了 1948，一粒米也買不到。

所以，遼瀋戰後，老毛放手發動**徐蚌**、**平津**兩大戰役，西元 1948 年底，大勢已定。西元 1949 年，老蔣的"民國"奔台，共和國終結了八國聯軍以來中華軍國的長期戰亂局面。

至此，讓我們回顧一下 1911 武昌起義以來的"民國時代"（1912-1949）：

⊙ 1912-1928，是"中華民國"的北洋軍閥年代，存在著遍地的外國"租界"。 1919，北洋政府的"中華民國"在首都北京，爆發青年學生自發的五四運動。

⊙ 1927 起，是蔣介石獨大的"中華民國"年代，首都在南京。1945，二戰勝利、抗戰結束，中國收回除港九外的全部鴉片戰後的失地和租界。

⊙ 但內地的整個"民國時代"，軍閥混戰、國共合作北伐、蔣桂馮閻中原大戰、老蔣剿共、抗日戰爭、國共內戰…，大大小小的混戰，共打了 37 年。共和國統一內地後，內戰方才基本結束。（台海的對峙，由於美國的介入，實際屬於半個外戰）。

內地的民國時代，與其叫做"**中華民國**"時代，真還不如叫做"**中華軍國**"時代。

1949 之後在臺灣的〈中華民國〉

老蔣把民國政府搬到臺灣，連同故宮細軟、以及收刮到的國庫金銀外匯（當年約 300 億美元，折換約合今 1400 億美元）。估計當年跟隨國府遷徙到臺灣的軍民不少於 150 萬，臺灣人口很快暴增 700 多萬。

當時的臺灣，經過日本半個世紀的殖民統治，尤其是 1936 開始的"皇民化"（強制推行日語及日化），本地許多高級知識分子的日文、日語都已高於他們自己的母語水準（李登輝只是其中一個同化的案例）。

1945 抗戰結束，老蔣派出留日（士官學校及陸軍大學畢業）的**陳儀**接收臺灣並主持臺灣政務，1947 陳儀任上發生 228 事件之後被老蔣調回浙江，1950 老蔣在臺灣槍決陳儀做為 228 的替罪羔羊。實際，228 的責任人當然不是陳儀，而且陳儀在短短的任上還為臺灣做了兩件好事：① 堅決不讓內地的銀行體系進入臺灣，臺灣因而閃過了 1948 老蔣在內地搞的金圓卷經濟風暴，② 堅決推行"國語"（普通話）、回歸華文化。

1949 老蔣派**陳誠**主政臺灣省，短暫的一年任上，陳誠只做了件大事："三七五減租"，佃農只向地主交租 37.5%。隨後陳誠晉升為"行政院長"，繼續推進溫和的土地改革，1952 開始執行"耕者有其田"，造就了今天臺灣眾多自耕農。1965 "陳誠伯"病逝，臺灣農民感念至今。

這些更張措施還不是老蔣真正的救身符。

二戰後立即開始的美俄爭霸，1947 "冷戰"開始，全球兩極化，歇斯底里至今。1950 韓戰爆發，引發美國"圍堵"中國的策略，美軍直接強力部署到東海、南海等"第一島鏈"，隔離台海兩岸，並經援、軍援老蔣的國府，默認其在臺灣為所欲為。

這，成就了"中華民國"在臺灣破全球記錄的 1949-1987 長達 38 年的"戒嚴"，而且是在"自由民主"的名號下！

老蔣長期的白色恐怖是造成台獨傾向的最根本原因。

即便沒發生韓戰，美俄冷戰的態勢，資本主義陣營跟社會主義陣營的對壘，其實還是會使美國政府選擇對老蔣之惡 "視而不見"。所謂的 "自由世界" 的神經是對任何 "社會主義" 思維極度敏感的，反之，所謂的 "社會主義世界" 的神經也是對任何 "自由世界" 思維極度的敏感。20世紀的國家機器太神力，人類把自己整得夠嗆…，便宜了像希特勒、史達林、老蔣、小布希、恐怖份子、"日本右翼" 等那款懂得利用既成 "系統" "習性" 的人。其實，他們就玩的是人群的 "人性"。

38 年的白色恐怖大大疏離了臺灣族群的人際關係，並且由於冷戰因素，妖魔化內地的共和國、神聖化美國文化（連帶日本沾光），造成另外一種本土的偏執，"民粹"。

長期的白色恐怖，使得臺灣的價值觀混亂至今，臺灣先賢如**蔣渭水、林獻堂、李應章、簡吉、賴和、蔡培火**等等等等，他們的事蹟幾近於默默無聞，斷層。

又比如，南非的曼德拉，被當局監禁 27 年，出獄後成為全球最風光的非洲人。可臺灣有位**林書揚**，出身台南麻豆林家的共產黨人，1950 入獄綠島被關了 34 年！

1984 林書揚被釋放出獄，立即加入夏潮、前進等刊物，社會主義激情依然如故。因為是社會主義者，西方、臺灣的民粹、國府、今天的中國，通通不大鳥。

曼德拉和林書揚的 "差別待遇"，存在著真實世間的邊際條件。

1975，老蔣在臺灣當 "蔣總統" 至死。小蔣接位繼續也當 "蔣總統" 至死，1988。蔣記 "中華民國" 隨小蔣之死而逝，那時臺灣人口近 2 千萬。

蔣家王朝，留下奇特的印記：

⊙ 老蔣自始至終只留下一個清晰的印記：白色恐怖。

利用孫中山"中華民國"的招牌，老蔣專制 48 年、小蔣專制 13 年，合共 61 年，白色恐怖的 61 年，其中有 38 年留在了"中華民國 在臺灣"。

⊙ 小蔣當然也有白色恐怖的印記，但留俄的他，給臺灣做了件好事：小蔣任上任用經濟專才組閣，控制人口增長、嚴謹吏治、鬆綁經濟、獎勵出口、十大建設，臺灣迅速成為亞洲經濟 4 小龍之一。

然而，歷史畢竟演化出了"中華民國"，儘管中華民國從開頭的"中華軍國"演變為後來的**"蔣家王朝"**，轄區從大陸縮為臺灣，轄下的人口數量級從億縮為千萬；又儘管經歷漫長的白色恐怖，但存續的本能使得兩岸的人民各自適應、發揮出無比的創造力。內地的人民被老毛發動起來倒蔣、成功，臺灣的人民則"棄政從商"、讓臺灣成為真正的"寶島"。

危機就是轉機：1965，美國升級越戰、終止對台經援（1949-1965 共計 14 億美元）；臺灣經濟勢非自給自足不可了（光復至此，人口已經翻了一番）。那年，陳誠死、臺灣換上嚴家淦當行政院長，成立高雄加工出口區，大勢所趨，必須凸出財經。

於是，1966-1976 內地人民大搞文革的同時，臺灣人民忙著加工出口、跟國際接軌，接經濟的軌。

歷史的詭吊在於，冷戰，既遮罩了蔣王朝的白色恐怖、也護佑了臺灣的經濟發展，蔣王朝帶來整個國庫儲備以及眾多西式人才，這時也發揮了作用。機遇有了，臺灣人民交出驕人的成績單：王永慶和王永在兄弟（台塑）、郭台銘（鴻海）、張榮發（長榮）、張忠謀（台積電）等等等等實業家（不是搞金融或地產或官商勾結壟斷致富的）。

這些製造集團，加上無數的代工與加工從業者們（許多是個體戶），辛勤打造了厚實的臺灣競爭力。美元外匯存底，1983 突破百億，1999 突破千億，目前 4 千億出頭。臺灣，成為全球華人的楷模。

由於教育普及，加上男丁必須服兵役，加上華人傳統的勤勞、堅忍，交織出略微不同於內地的文化。80 前臺灣出生的人跟 80 後的差異蠻大，他們普遍較比更拼搏、更儉省、更有紀律、更有國際觀。大概是生於憂患跟生於安樂的差異吧。

中華民國的後蔣時代已走過 27 年，過去的 20 年間臺灣人口穩定在 2300 萬左右。

蔣家 "強人政治" 自然終結後，臺灣政治驟然鬆綁、自由到近乎無序，公權力相對薄弱。存在各種政治光譜，但窄化到（選舉 ＝ 政治的全部），政治格局遠遠落後於經濟格局。

毫無疑問，美國仍將繼續其霸主地位、並繼續歇斯底里地冷戰。
"中華民國" 繼續演化。。。

《共和國時代》 西元（1949 - ） 不一樣的革命

西元 1949 年春，**徐蚌戰役**結束，60 萬紅軍打敗了 80 萬美式裝備的國軍，除了**粟裕**這顆將星更加耀眼之外，真正的榮耀應該屬於中國農民：200 萬農民組成的後勤支援隊伍，使得紅軍能夠發揮出巨大能量。

之後，4 個月內，南京、上海相繼解放，紅軍隨即襲捲大陸各地。

那時的共產黨比較**無私**，使得組織力也發揮到極致，原本是各路草莽好漢的紅軍，居然超越歷代中國人的文化基因，科學地、理智地完成了任務，尤其是需要配合主力進攻的時候，**劉伯承、鄧小平**毫無保留地運用手中的兵力，按照戰略部署運作，不打一點折扣。

當時**鄧小平**的名言：只要共產黨打過長江，人民就勝利了，誰打過去，並不重要。大抵那個世代的共產黨人，有著真誠的理念與氣魄，前仆後繼，再所不惜。

西元 1949 年 10 月 1 日，**毛澤東**在北京宣告，中華人民共和國成立。

前此一年，共和國的部隊，已稱為：中國人民解放軍。但金門戰役失敗，暴露了解放軍不善於水的缺陷。隨後大半年，海南島、雲南、西藏相繼解放，中國再次統一，除了台海幾個列島。

老蔣退避臺灣，帶走：近 200 萬軍民，故宮博物院的珍貴文物，以及國庫存底（金、銀、外匯，約值當年的 300 多億美元）。這些，成為老蔣以國民政府名義繼續專制的本錢，當時包括臺、澎、金、馬祖、大陳。

不得不說，抗日，老蔣無大過，但武昌起義之後被專制的民國，老蔣對中國歷史最大的貢獻，便是被老毛打敗、被人民打敗，使得共和國真實地統一大陸。

西元 1950 年，共和國開國伊始，老毛立即面臨的問題，不只內政，更嚴峻的是二戰後的世界局勢：

二戰剛要結束前的**雅爾達密約**當然是美英俄列強心態下的產物，**史達林**利用**羅斯福、邱吉爾**健康不佳的情況，為蘇俄國家機器撈取了最大利益。根據**密約**，二戰後的德國與朝鮮半島，由同盟國佔領、託管，然後再於"適當時機"獨立自主。

於是，二戰結束後，立即產生東西德與南北韓的分裂，東德甚至還存在一個城市（東西柏林）的分裂。

但密約簽署後兩個月，羅斯福去世，繼任的**杜魯門**長了核子牙、立馬丟核彈結束日本戰事、並開始制約蘇俄的擴張。但美俄都不願正面對打，這便是**冷戰**的原點。

既然美俄不交鋒，雙方的角力，便以勢力集團、意識形態、軍備競賽、代理人的局部戰爭、間諜滲透等等形式發洩，歐洲成為北約與華約頂牛的地方，太空與核武成為各國科技的較量場⋯。
西元 1949 年秋，蘇俄成功核爆，冷戰成為常態。

實際，這時的左右翼"意識形態"之爭，已經被國家機器的政權綁架，智人的科學理性及人文情性，完全淪喪為權力欲望的工具。近似於戰爭狀態的**冷戰**，繃緊全球智人的神經，蘇俄與華約各國的專制，變本加厲，美國則出現荒唐的麥卡錫，歇斯底里的迫害想像中的"左派"，包括卓別林、謝偉思、戴衛斯、科學家⋯。

全球國家機器長期分邊的**冷戰**，是人性的浩劫，影響至今。雙方以 20 世紀的高科技，各自宣傳扭曲的平等、自由、民主等等理念，為所欲為，糟蹋人道。

二戰結束之際，俄日宣戰，美俄迅即協議以北緯 38　線為界，北韓由蘇俄、南韓由美國，分別佔領、接收。當時還沒長出核子牙的蘇俄，順著美國人的喜好，美英俄另外簽署協議，規定朝鮮半島由美英俄3國託管、並得建立臨時政府。

於是，西元1946年起，**史達林**就為**金日成**的朝鮮勞動黨（原朝鮮共產黨合併其他黨團組成）打造起一支俄式裝備的龐大軍隊。**平津戰役後**，金日成更向中國"借用"中國朝鮮族組成的兩個師，形成朝鮮半島最大武力。

然而，整個朝鮮半島的民族意識大大超越左右翼意識形態，無論南北韓的民眾，都反對外國"託管"。反託管或民族主義運動，分別在38　線南北，被美、俄殘酷鎮壓。美俄列強各自培植自己的地方勢力，北韓殺害左翼民族主義者，南韓更不惜暗殺"韓國國父"**金九**（曾在上海組織韓國流亡政府，西元1932年日軍炮製1‧28淞滬戰役後，其司令官等被**金九**派人刺殺，也鼓舞了中國人抗日的士氣）。

西元1949年夏末，南北韓各自建立政府，蘇俄迅速撤出北韓，美軍也只好宣布撤出南韓。這時蘇俄已經研製出核武，朝鮮半島成為美俄冷戰的交鋒地區，但人口不到南韓半數的北韓，軍力卻遠勝南韓。

西元1950年6月下旬，北韓突然發動戰爭，全面撲向南韓。10天後，美軍1個師參戰，但7月底，北韓軍已經把南韓軍與美軍逼到朝鮮半島東南角落。8月中，**麥克亞瑟**指揮美軍挾聯合國軍名義，在漢城西邊的仁川登陸，攔腰擊斷北韓軍。

10月初，美軍越過38　線，並迅即攻佔平壤，甚至越界轟炸中國安東電廠，並且陳兵臺灣海峽，直接威脅共和國。

10月8日，老毛決定**抗美援朝**，部隊以中國人民志願軍的名義參戰，**彭德懷**任總司令。這是解放軍第一次跟現代化的列強打正規戰。

空軍，靠蘇俄祕密派兵，俄戰機都漆上共和國徽號、飛行員則穿上解放軍裝。

美國當然不可能不知道，監聽無線電就可以聽到飛行員的俄語交談，無非美俄都不願意為朝鮮半島撕破臉…。美軍始終掌控制空權，造成志願軍後勤補給困難，但入朝 3 個月後，志願軍仍然迅速克復平壤、並打到 38º線附近，此後，雙方便在界線上下拉鋸。

西元 1951 年春末，美軍換將，驕橫的麥克亞瑟被杜魯門解職。

7 月，交戰雙方回到談判桌上，談談打打，但戰局基本上膠著，雙方都進入坑道戰階段，以嚴密的工事對峙。

西元 1952 年冬初，美軍發動上甘嶺戰役，在不到 4 平方公里的作戰區域，跟志願軍槓上，反復爭奪山頭陣地。較量結果，雙方傷亡慘重，43 天的戰役，美軍竟用了 200 萬發炮彈，志願軍沒那麼奢侈，也用了 40 萬發。但志願軍官兵砸出去 10 萬枚手榴彈，美軍終不得越雷池一步。

這場意志與血腥的搏鬥過後，韓戰沉寂下來，半年不到，雙方坐回談判桌。

西元 1953 年 7 月末，參戰各方簽署停戰協定。美國隨後迅速跟南韓簽署美韓共同防禦條約，繼續駐軍。

西元 1954 年 4 月，中國參加日內瓦和談，參戰各方未能解決外國軍隊撤出朝鮮半島的問題，但西元 1958 年底前，志願軍已分批撤回。美軍則留駐南韓至今。

西元 1954 年末，趁美俄冷戰正酣，民國駐美大使顧維鈞跟美國談判、簽署美台共同防禦條約，老蔣倒是堅持了 "一個中國" 的原則。隨後，老蔣撤出大陳島軍民，保留金門、馬祖，模模糊糊地將美國拖進 "內戰還在繼續的一個中國"的圈套。

共和國也是那樣被模模糊糊地拖進"內戰還在繼續的一個韓國"的圈套。

志願軍撤回後，南北韓繼續分裂，跟台海兩岸類似，美國以武力阻止了統一。

毛澤東，老毛，（我喜歡叫他"老毛大帝"，叫老毛、老蔣的，比較有時代的親切感），他的格局與智慧，沒有什麼三七開、五五開的，他掌的舵，好事、壞事，都以史無前例的數量級，深刻影響著中國人。

共產黨在他的領導下，融入占絕大多數中國人口的農民草根，這是有史以來中國知識分子第一次超越"統治"意識、成為基層人民的一部分的嘗試，方才有共和國的成立。

在共產黨革命的過程中，老毛睿智地抗拒了共產國際對中國革命的"指導"，實際，這些指導，無疑有蘇俄做為列強的陰影。

這是老毛跟老蔣的根本差異，共和國是中國人的中國，獨立自主，無需充當列強勢力的代理人。

一開國，老毛力排眾議，百廢待興之際介入韓戰，抗美援朝，需要極大的智慧與勇氣：

⊙ 表面上滿足**史達林**，之後，在美俄冷戰爭霸、美國圍堵中國的邊際條件下，中國以有償方式取得蘇俄援建各項工業、轉移技術。西元1952 年，共和國的數據顯示，當時全國工程技術人員僅約 16 萬，而此後隨時維持俄國專家 2000 人，建廠的同時，傳授大量資料、圖紙、知識，打下一點工業基礎。

⊙ 就**雅爾達密約**看蘇俄對東北的野心，廢除中俄之間的不平等條約，需要鬥智。抗美援朝，自然就大量陳兵東北，蘇俄被尊稱為 "老大哥"，但中俄平等嘛，東北鐵路、港口，不再存在蘇俄權益問題。

○ 韓戰的結果，雖然只跟美國打成平手，卻是鴉片戰爭以來，中國人真正站了起來的表現。抗美援朝，打出中國人的自信。

以犟驢性格的**彭德懷**掛帥，更是老毛神來之筆，當時的韓戰，只有不信邪的人、類似老毛性格的人，才扛的下來。

○ 抗美援朝戰爭開打後，美國再次扶植老蔣的國民政府，此後 15 年間，臺灣取得美援平均每年 1 億美元，夯實了老蔣在臺灣的統治。此外，另有每年約 3 億美元的軍備、軍援給臺灣，做為老蔣看門的代價，實質性地分裂中國。

當朝鮮半島停戰談判進行的如火如荼之際，**史達林**死了。當然，蘇俄的專制體系不會瞬間改變，**赫魯雪夫**開始集權，到西元 1956 年春，他在俄共內部祕密清算史達林，引起一連串震撼，包括波蘭、匈牙利等事件。

當然無從知道或重建老毛當時的思維，但從資料、數據與事件，大致可以看出老毛，做為一個 "人"，他隨後是怎麼運作的：

○ 赫魯雪夫批判史達林之後，暴露出史達林時代的蘇俄重工業化、農業集體化的真實數據，這時中國的第一個 5 年計畫也學得一些經驗和教訓，老毛花兩個月時間聽取經濟建設相關 30 多個部門的彙報，迅速提出論十大關係，總結了中國人該注意的方向。

其中，有許多經典結論，比如，必須反對官僚主義，建議精簡黨政結構、甚至砍掉 2/3。又比如，反對教條主義，反對宗派主義…等。

隨後，針對知識分子，提出 "百花齊放，百家爭鳴" 的方針（雙百方針），強調獨立思考、自由表達的重要。

156

做為共和國權力最大的人，老毛的智慧，非同尋常，他已經抓到人性最深刻的課題，看到了共產黨做為統治集團，以及中國"人"的通病。

實際，開國才 2 年後的西元 1951 年末，人民政府就進行過"三反、五反運動"，對所有吃公糧的人提出：反貪污、反浪費、反官僚，而對所有自謀其生的人提出：反行賄、反漏稅等五反。暫時端正了社會風氣。

這時，西元 1956 年中，共產黨的威信如日中天，而老毛已經俯瞰到中國問題所在。三反五反、十大關係、雙百方針，至今仍切中中國社會要害。

⊙ 1 年後，西元 1957 年 4 月，共產黨發起黨內整風，反對官僚主義、宗派主義和主觀主義。並號召黨外人士"大鳴大放"。

事實上，那時候的眾多案例，<u>專制的缺陷已經顯現</u>：任何層級的主官，對轄下人群都已經回復生殺予取予奪的狀態。這是個權力制度下，人性的死結。

簡單說，老毛足夠敏睿，要求共產黨人"正確處理人民內部矛盾"。但以政治運動的方式清洗統治階層，辯證地說，這個階層很快也會反撲。統治者，都是跟統治階層共治天下的，而人史歷來的統治階層都自有其意識。共產黨或不是共產黨，統治階層就是統治階層。

反官僚，老毛畢生一致，後來甚至不惜打破共產黨官僚體制，而且他自身也從無關聯的私利。但，人就是人，老毛無私，並不保證共產黨人都無私，不然也就無需三反五反運動了。

反撲，或者說，反作用力，很快就顯現出來。
雙百與鳴放運動，等於叫被統治者來鞭撻統治階層，不是個制度性的制衡…。只有兩造雙方都是無私的超人群體，這種輿論式的監督才可能奏效。現代歐美，媒體輿論也可以收買，監督，大抵還得靠法制。

◎ 整風與鳴放半年後，嘎然熄火，被"反右"運動取代。

也許不可能確知180º轉彎是怎麼形成的，但肯定有個邏輯。
就當時的文件、談話記錄等等看，老毛對"左""右"分寸的拿捏，是定性而不是定量的：左，是群眾性的，右，是少數人的。

他當時的邏輯，右派，壓抑了以共產黨為代表的中國群眾性。
是共產黨官僚集團的反撲，給他造成壓力，還是他自己根據資訊而起的判斷，不得而知。但180º反轉，無疑受到共產黨官僚集團的歡迎。

從人性看，共產黨官僚，是當時唯一的既得利益集團，轉向的獲利者。人類所有統治階層的病根，以權謀私，打擊任何有可能不利於己的對象，加上中國人傳統的長官意志，就更為粗暴。

"反右"發展成政治迫害，跟共產黨官僚體系的私利，百分之百關聯。人嘛，有權不用，過期作廢，所以才會有權力經濟與吏治貪腐，難以自拔。

急轉彎的反右運動，成為老毛的第一個重大失誤，他沒有失去威信，但失去誠信。從此，共產黨人，以及，老百姓，都自然會去揣測老毛大帝到底想幹什麼？

政治運動，不是做社會實驗。反右壓制了相當數量的知識分子（終身被壓迫），解放了共產黨官僚集團，從此，老毛必須不斷地反左反右，交叉震盪運動，來糾正共產黨官僚集團的偏差。他成為終極的監督者兼仲裁者的角色。

158

⊙ 西元 1958，反右運動基本結束，萬馬齊喑。

老毛展開 "三面紅旗"：**總路線、大躍進、人民公社。**
這年秋，解放軍還炮擊金門，宣示一個中國的內戰的延續，開始了
"中國式"獨立自主的冷戰，繃緊一下俄國人跟美國人的神經。。。
但國共之間的空戰，國軍獲勝，確證了空對空導彈的優勢。

當年 65 歲的老毛，明顯有急迫感，主觀願望是以社會主義道路，來
打破中國的落後狀態，以行動做出成績來證明共產革命的正確性，
畢其功於一役。

老毛的思路很一致，他念念不忘占中國人口絕大多數的農民。
前此的政治運動，主要在城裡搞，對像是城市人口。
三面紅旗，尤其是人民公社，則觸及基層鄉村。

當時的共產黨，只有成功的軍事經驗，以組織運動的方式，把經濟
當戰役打。不能排除**赫魯雪夫**的刺激，蘇俄那時恢復了農民自留地
等經濟措施…

當時的**總路線**：多、快、好、省，迅速建設社會主義中國，15 年內
超英趕美。但官僚集團執行成，不按經濟規律搞建設，投資沒效率，
反正是國家的。

當時的**大躍進**：農以糧為綱，工以鋼為綱，發動群眾運動搞生產。
但官僚集團執行成，不按科學方法搞生產，乾脆做假數據，指標浮
誇亂報。

當時的**人民公社**：跨越史達林的集體農場，農村嘗試共產制。但官
僚集團執行成，直接沒收農民僅有的東西，搞公共食堂，吃大鍋飯。

這時，中國人口 6.7 億，城鎮約 10%，農村約 90%。

這年末，老毛察覺各地官僚上報的數據極其誇大、不真實，他一面調查真象，一面力圖維持三面紅旗的動量。老毛始終都意識到，共產黨做為統治的官僚集團，當然存在腐化的可能性，於是，他費了很大勁，迅速制止了三面紅旗起初的浮誇風，但屢次修改的工農業指標，依然不可能達成，虛的。

○ 西元 1959 年夏，老毛召開共產黨高階層的**廬山會議**。

大量原始資料顯示，老毛的原意，搞"神仙會"，高幹們聚在一起，輕輕鬆鬆，讀書、開會、議論、總結經驗。一開始的基調是內部"糾左"，讓運動方式的搞法降降溫。

他先把冒進的總責任扛下來（其實官僚集團應該負責，那時**劉少奇**剛接任國家主席不久），也承認存在"五風"現象，共產風、浮誇風、強迫命令風、瞎指揮風、特殊化風（官民差距太大），藉以點醒各級官僚。

老毛直白：
有兩種積極性：一種是盲目的積極性，一種是實事求是的積極性。
有兩種共產黨人：一種是真搞社會主義；另一種（這占多數）是權
　　　　　　　力歸他的時候他就代表社會主義，否則，別人就
　　　　　　　代表資本主義。

老毛重新強調紅軍三大紀律，尤其是"不拿群眾一針一線"、"統一指揮"。

簡單說，老毛試圖糾正人民公社推行過程中的偏失，官僚、貪腐、作假、脫離現實、不科學等等。問題說的很透，但必須<u>堅持</u>社會主義大方向的嘗試。

老毛自信地認為，共產黨歷來搞運動，都及時校正，三面紅旗一定

可以做出成績，鼓舞 "成績偉大，問題很多，經驗豐富，前途光明"
的樂觀幹勁。

會議兩周後，歷史的偶然性，靜悄悄的把 "糾左" 又轉向為 "反
右"。這次的鬥爭對象，**彭德懷、黃克誠、張聞天**，都是共和國開
國元勳。

正要結束盧山會議的前一天，彭德懷給老毛寫了封信，信本身，無
所謂 "問題"，國防部長向最高領導表達意見，應該的。

但彭德懷是個有名的直率人，個性犟暴不馴，人際功夫不是他的長
項。近在咫尺，他可以直接同老毛談話，卻選擇了以書信的方式來
溝通，很**人性**化的選擇，因為彭德懷的人生道路，溝通，經常是以
類似爭吵的方式進行的。現今存在的各種資料、回憶錄，大抵描繪
出彭德懷這個 "人" 的面貌，正直、率真、我行我素、不同流俗；
忠誠、才幹，那是肯定的。

開會過程中，具體問題既然已經都指出來了，彭德懷信裡的數據，
並不新鮮，於是老毛也很人性的抓出那封信表述的另一個 "重
點"：小資產階級的狂熱性。

彭德懷的確是想提醒老闆：狂熱性，是左右傾向的源頭，並提醒：
以 "運動" 進行經濟建設，很難避開過熱的缺點，畢竟中國人在這
方面缺乏經驗。實際是點出官僚集團行事，沒有科學的方法學。。。

老毛敏感的認為，跟彭德懷共事多年，互相爭辯也不是第一回，幹
嘛要寫信？是嫌官僚體系過左，還是根本嫌三面紅旗不對、是小資
產階級的狂熱性…？

於是，乾脆把彭德懷的信印發給參加盧山會議的人議論，神仙會也
不神仙了，延長會期，要談個明白。這下子，更多的**人性**暴露出來，

私性被引爆，官僚集團的、跟彭德懷處不來的，包括劉少奇、林彪等等，上綱上線，沒多久，彭德懷，以及，同意彭德懷提法的人，一股腦被定性為，"右傾機會主義"的"反革命"集團，通通被整肅。

老毛再次打敗了自己，他的理性與智慧，使他一開始努力"糾左"。人性，使得老毛沒有警覺到，廬山會議又被怪異的引導成另一個"反右"。這個轉折，對老毛的社會主義理想，傷害極大。

⊙ 西元 1960 年，赫魯雪夫撕毀合同，撤走全部蘇俄專家，造成中國巨大損失。

中俄之間也冷戰，歐美傻了眼，但逐漸認識到"中國式"獨立自主的味道。

西元 1960-1962 年，共產黨官僚集團運動式的三面紅旗，嚴重失敗，造成 3 年困難時期。由於資訊不透明，至今無法確定餓死多少中國人，大致估計是千萬數量級。

事實上，廬山會議轉向反右之後，共產黨官僚統治集團，更已自成一系，以自己的方式運作。為解決糧食不足所造成的城鄉摩擦，只能放任農村回復小農經濟狀態，"三自一包"。這並無新意，僅只復原到大躍進前的原點，也就是在秦漢以來的小農經濟上，原地踏步。

西元 1962 年初，老毛召開縣級以上幹部的七千人大會，主調仍然是總結經驗，摸索中國自己的道路。老毛依然帶頭，自我檢討、承擔最大責任，依然鼓舞會眾沿社會主義方向摸索下去。。。

之後，西元 1963 年，老毛發動"四清"運動，實即開國初期的三反的延續，不同名稱的反貪污、反浪費、反官僚，他已經察覺吏治貪腐的問題。

老毛，就這樣一波一波的堅持中國人自己的社會主義道路，不斷清洗共產黨官僚系統，力所能及的維持共產黨人的純潔度、並排除一切可能的障礙。這些，當然是他的主觀願望。

老蔣背叛孫中山的聯俄容共政策之後，由於老毛的智慧，中國人確實在老毛領導下，做出許多量子飛躍。劉少奇等則利用對老毛的個人崇拜，搭建起黨政體系，統一了思想，這裡頭有多少是現實運作的權宜，還是公心與私心的混雜，不得而知。

但共產黨終究是 "人" 的集群，不斷清洗，仍然不能保證吏治不貪腐。老毛以階級鬥爭論來制約人性、警惕共產黨人不要變質，也不能 "淨化" 共產黨人的私欲。人，原本就是那個 "質" ，社會演化，是個漫長的過程，不是幾個運動、幾次衝鋒，就能完成演化的。

共和國開國以來的三反、五反、四清，只能說明，共產黨，早已不是開國之前、被老蔣追殺的那個共產黨。統治集團的吏治，以及，中國社會主義道路，終究是個科學方法學的問題。

老毛的睿智與犟驢性格，不信邪、不服輸、奮戰到底、堅持到底，是無法以權力鬥爭或瘋狂或什麼心理，來簡單形容的。他自有一套理，時而強調 "唯物辯證" 、時而強調 "人的因素第一" ，他也經常談平衡與動態。

我們只能從發生了的事，做為數據點，來看看他的理，對中國人起了些什麼作用：

西元 1960 年，開發出導彈。

西元 1964 年，開發出原子彈，3 年後，開發出氫彈。

西元 1966 年， "文化大革命" 。

西元 1970 年，人造衛星上天。

那時一清二窮三白的中國人，憑什麼獨立自主的研製出"兩彈一星"，並且還來個"史無前例的文化大革命"？

政治話語說是，因為"毛澤東思想"。其實，更多的是受到老毛那股勁氣的影響。當然也有個人崇拜的元素，但只有真正無私的人，才會激發人們的熱情。

中國年輕人在文革的時候，美國年輕人在反戰（越戰），毛澤東精神，成為那時全球的理想主義的標幟，成為反抗既得利益體制的象徵。美國學者乾脆稱之為"毛主義"。這是人類在西班牙內戰之後，二戰都沒能點燃的理想主義的激情。

中國人的熱情被激發，只提供了充分條件。實現兩彈一星，當然還有許多必要條件：

⊙ 對導彈而言，西元 1955 年末，**錢學森**，回歸中國。這得感謝當時美國**麥卡錫**的瘋狂反共，反共反成反華，而錢學森是當時世界頂尖的導彈動力專家。受到美國政治迫害的錢學森，回國後拉拔起一支科研隊伍，除了流體力學之外，還有自動控制技術（那時 IBM 剛剛發明電腦）。

⊙ 對核彈而言，**鄧稼先、王淦昌、錢三強、朱光亞**等，功不可沒。

⊙ 對衛星而言，**趙九章、任新民**等，也功不可沒。

中國直到 20 世紀結束前 3 個月，才給 23 位兩彈一星的科技元勳們頒授勳章，表彰這些科學家對祖國的貢獻，上述元勳都是好樣的海歸。

科技元勳們帶來正確的方法學，他們與工程師們被愛國的激情感染，埋頭苦幹，往死裡搞，兩彈一星才得迅速成功。（**愛因斯坦**說過，正確的方法學＋辛勤的努力＋不廢話 ＝ 成功）。

然而，科技元勳的六成，都受過**葉企蓀**的栽培，這位西元 1922 年的海歸，畢生致力於清華大學的科學教育，堅持 "科學救國" 道路，死於文革迫害。他的信念，以及，人才培育，也是兩彈一星的必要條件。

中國人要跟國際接軌，科學，是現代文明唯一的正軌，不是法商。
而即便政治上，兩彈一星也是唯一使得列強鳥你的路。

20 世紀的知識分子給現代中國人貢獻了兩個真實的 **"核心競爭力"**：

⊙ 一個是白話文。白話文給中國人提供了一個跟國際接軌的真實接口，足以轉譯歐西的文明，可以開始跟外界同化而 "現代化" 了，

⊙ 一個就是兩彈一星。兩彈一星則給中國人提供了一個真正的安全網，足以保障不再受列強暴力欺凌。60 年代末，蘇俄居然想跟美國聯手，對中國實施核子牙拔除手術，被理智的美國人拒絕。

或許現代知識分子也終於給中國人提供了兩個真正有點競爭力的東西：

⊙ 網路平臺，大量砍掉了流通中間的盤剝，平民化了物價，

⊙ 高鐵。

但這兩個都不是 "創新"，雖然無疑提高了 **"性價比"**。據說，不久會開發出釷核電站（比鈾核電站更環保、更高效），那才是真正**創新**的 "核心競爭力"。

西元 1966 年，老毛 "炮打司令部"，發動文革。

那時候，共產黨官僚統治集團，已經高高在上，距離老百姓很遠了。幹部，以及，幹部子弟們的特殊化現象，雖經多次政治運動，早已 "上有政策，下有對策"。共和國畢竟造就了一個怪異的 "新貴" 階層。這，老毛當然有責任，做頭的就得對公司負責嘛。

網路發達後，媒體和 "中國觀察家" 們喜歡從權力鬥爭的肥皂劇角度來解析文革時期的中國全貌。問題是，老毛從未失去 "權力"，誰有跟他

爭權的本事？何況，當時所有人都還聽他的。

恐怕要從"老年心理學"來理解文革的動機，這年，老毛73歲，核子牙也長出來了，唯一未了的心願就是，社會主義新中國的實現。

七千人大會過後，三面紅旗政策被進一步修正、調整，當時人口近7.5億，中國依然一清二窮三白。老毛顯然對劉少奇的共產黨官僚集團失去信心與耐心，決定按自己的意識，攪個天翻地覆。革命，就是對既得利益的搗亂嘛，打倒一切，重新來過。。。

老毛跟林彪的關係，是很**人性**化的例子，只能說，投緣吧，老毛似乎總當林彪是個不懂事的孩子，記憶留在井岡山的階段。但啟用劣質的陳伯達等，明明是看不上的人，就只能說是，隨緣嘍。

文革時期，湧現許多典型的小人，像康生、張春橋、陳伯達…之流。

陳伯達，無恥到，向被紅衛兵關押的姚依林提出條件，只要姚依林願意將他寫進當年北京12‧9學運名冊，他就可以釋放姚。這款人居然企圖篡改歷史記錄。

康生則跟江青的關係很密切，文革結束後，他居然說：江青參加過國民黨。江青參加過什麼，一點也不重要，狗子都可以有佛性嘛，就不知道康生有什麼性了。。。這些人，顯然也是人，具備人性，只不過具備非常扭曲的人性吧。這種人也算共產黨，呸！

必須說，是老毛把自己做成了這個局，太頻繁的運動，共產黨人早已彈性疲勞，抱團搞自己的一套去了，才會有那麼多一點也不社會主義的共產黨人。

西元1966-1976年，文革10年，當然發生許多事。先是青年學生被發動起來當"紅衛兵"，鬧無產階級革命，衝擊既有的官僚機構，各地"革命委員會"接管了政府，實際是軍管，解放軍代表說了算。跟辛亥革命時類似，城市裡鬧哄哄，因為大抵都識字，訊息傳遞比較容易，鬧的起來。鄉村倒相對寧靜，識字率不高，資訊不發達，越偏遠越安靜。

城裡既然鬧革命，停止高考，沒大學可上，中學也停課，不少年輕人揹本紅小書、"毛主席語錄"當護照，大串聯，搭火車不用票，全國走透透。長了見識，學會演戲，可以違心之論一大套，靠打砸搶過日子，階級鬥爭嘛。青年紅衛兵當然很**人性**化，至少會分派互鬥，相當血腥，糊裡糊塗死去的人不在少數。破四舊，打倒一切傳統，毀掉不少文物，但私搶的也不在少數，跟義和團類似，一切都打倒，但不打倒人民幣或金銀財寶。

無政府狀態鬧了兩年後，老毛只好刮起"知青下鄉"風，號召知識青年走到群眾裡去、到農村或工廠接受工農兵的"再教育"、到國家需要的地方去墾荒。至此，青年的能量與激情終於被引向一個可能有助於實現理想的地方，到文革結束時，共有 1500+萬城市高中畢業生下鄉。

由於沒有計畫，知青下鄉大多成為一個近乎自生自滅的流放，城鄉隔閡依舊，城鄉差距也依舊，城鄉文化仍然各自層流、難以交融。

就個體而言，插隊到鄉村社隊的算命好的，大量被下放到國營農場或邊疆屯墾區的，就歹命了。後來形成知青、家長、社隊、國家通通不滿意的大幻滅局面。

又由於軍管，林彪集團的勢力一時膨脹到無以復加，他兒子甚至企圖政變，導致西元 1970 年，林彪叛逃蘇俄，在外蒙古墜機而死。

這年，老毛 77 歲，他知道，他的中國式社會主義已經無望在生前實現。這年，中國衛星上天，等於宣示了中國導彈的能力。

這年，美國單方面聲稱 "釣魚臺列島" 歸屬琉球群島，準備移交給日本，以完成對中國的封鎖鏈。而二戰日本無條件投降後，臺灣早已歸還中國，國民政府接收的宜蘭縣圖冊，就明確包括了釣魚臺列島。

事實上，1968 年，美日就已經開始私相授受釣魚臺的談判（但老蔣噤不發聲、默認）。這訊息被當時臺灣 "經濟日報" 名記者**阮大方**率先批露、並主張國府應接收整個琉球，老蔣震怒，當年的 "經濟日報" 立刻為此關門大吉。

釣魚臺很小，美日很霸，終至引發臺灣留美學生的<u>保釣運動</u>。

而現在可以看到的二戰結束時候的史料，也更能澄清老蔣 "民族主義" 的真貌：美國問過老蔣兩件事，① 國軍接收琉球，② 派孫立人帶部隊，跟美軍一起佔領日本。通通被老蔣拒絕！！！真不知道老蔣一輩子圖什麼，不可能是 "國家" "民族" 吧？？

西元 1972 年，美總統**尼克森**訪華，中國進入聯合國。這是老毛最後的光環。

西元 1973 年，老毛已經又老、又拗，但不糊塗，酷的很：重新啟用**鄧小平**。

西元 1974 年，中國核潛艇下水。
西元 1975 年，北越軍攻下<u>西貢</u>，美軍倉皇撤出，越戰結束。蔣介石死。
西元 1976 年，1 月，**周恩來死**，7 月，**朱德死**，9 月，**毛澤東死**。
　　　　　10 月，<u>江青</u>等 "四人幫" 被捕。
　　　　　"史無前例的文化大革命" 結束。

老毛的世代結束，一個激情的、浪漫的、矛盾的社會主義革命時代結束了。

168

老毛被他自己打敗了。

但老毛是終生一致的革命者，文革是他最後的逆反，造共產黨官僚的反。

文革，也是人類第一次顛覆一切傳統的試煉，沒有計畫，就簡單的顛倒一切，連愛因斯坦也被批判為反動權威，何等瘋狂。集體瘋狂，那是種什麼樣的狂熱，只有宗教差堪比擬。

但智人的理性終究還是回復。

回顧**老毛時代**，人性很糾結地展現了極致作用，中國人盡幹大事：

(1)   西元 1949-1952 年，**共和國開國、韓戰，**

　　　　中國人的激情與理性，都近乎極致。共產黨靠農民路線貼近了絕大多數人口，又根據中國人的邊際條件很實在地組織抗日、建國、韓戰。

　　　　中國人是勤勞堅忍的民族，共產黨人則帶來正確的方法學，適合組織、調動中國人的方法學。

(2)   西元 1956-1970 年，**兩彈一星，**

　　　　中國知識分子第一次開發出核心科技，研製的時間遠少於列強。中國知識分子也證明了，他們跟中國農民一樣勤勞堅忍。
　　　　但兩彈一星之後，現代中國人，迄未再開發出能夠與列強競爭的科技。

(3)   西元 1958 年、西元 1966-1976 年，**反右、文革，**

　　　　中國人破壞了自己的傳統文化，而以政治運動的方式進行文化改造，僅只激發了人性的暗面。現代智人社會所必須的 "核心競爭力" 軟體：誠信、科學的理性與方法學、人際的溝通與協調，都大倒退。

老毛時代，給現代中國人留下深刻的烙印。

⊙ 為了統治，當然也是人性使然，開國後，共產黨人脫離鄉村、進入城市。

雖然老毛努力回歸農民，但農村依然是被剝削對象，擔負全國非農業人口的吃喝。農村集體社隊的農民，計工分、按勞取酬，自己負擔生老病死。

政府則基本上是全國城鎮人口的雇主兼房東，城鎮人口的吃喝拉雜睡、生老病死、教育、就業，都躺在政府身上。沒有個體戶，一談到工商，人人害怕，唯恐沾到資本主義的邊，說不定哪一天，政治風向一變，又得遭殃。

城鄉差距與中國人口持續增大。

⊙ 政府運作，停頓在開國時期的軍事模式，資訊不透明，以至於即使有正確的方法學，也無法擴散到社會層面。老毛許多經典論述，被當成教條膜拜，不是從方法學上的正確性而加以推廣。

兩彈一星科技，方法學上的規律，被當成軍事祕密，跟社會絕緣。中國人失去可以切入科學意識與方法的重要機遇。

反觀美俄爭霸，其科技成就，大多立馬擴散為民用產品，刺激整個社會更高科技化、科學意識更濃、更講究規格與紀律與規矩。

⊙ 過多自上而下的政治運動，中國人的情性理性，都疲勞、扭曲，充斥幻滅感。

私性本能反而被大大激發。

人們盡可以從各個角度評說老毛，絕對是個愛恨交織的光譜。
並且，激情過後的人性平衡，就是冷漠與逆反。

然而，現代中國人都是老毛時代的倖存者與獲益人。

170

所有政治運動，無論善惡，中國人都至少有十億分之一的責任吧（尤其是共產黨員、知識分子與城市人口），事情才會那樣發生。
老毛當然責任更大，很大很大。

但有什麼人民就有什麼政府、而有什麼政府就有什麼人民，辯證的。

老毛對中國人的歷史、對權力制度，有深刻的反省，老毛領導共產黨、試圖解放絕大多數的中國人，基層的農民。他啟動反貪污、反浪費、反官僚的政治運動，終身奉行不渝。

另外一個對中國人的歷史的反省，反專制，則要由小平來啟動。

人類歷史，可以寬恕，但不容遺忘。
中國人的歷史，做為數據，毛與鄧，展現了華人族群的，自省的智慧。

對於政治運動的偏失，人們必須面對存在過的歷史數據，坦承史實，並且跳開業已被濫用的政治運動式的批判，根據真實的數據做出具體的科學分析，真正信賴集體的智慧，才有可能改造中國社會，摸索出不貪污、不浪費、不官僚、不專制的解。

西元 1977 年，**鄧小平**成為中國的掌舵人。這年，他 73 歲。
鄧小平接下一個人口已經突破 9 億的、已經被運動過度而麻木的社會的，爛攤子。

西元 1978 年底，中國確定 **"改革開放"** 政策。這時，電腦早已風行全球。經過大風大浪，務實的鄧小平的改革開放，邁出的第一步是給中國人，**鬆綁**。

那時的中國，還有許多東西或服務必須手工製作，於是，鄧小平的鬆綁，就拿社隊的專業戶和城鎮的小工商戶做為試點，鼓勵人們走出集體、做出個體創新。

不到 3 年，人們的思想就鬆動了，城鄉湧現許多**萬元戶**。70 年代末/80 年代初的萬元戶，不是開玩笑的事，那時，國營廠工人一個月工資不過 30 元。。。

鄧小平隨後的鬆綁，便是設置**經濟開發區**，類似臺灣的出口加工區，進一步對外開放，解放經濟思想。這些措施，有現成的樣板，臺灣。

中國搞文革那時，臺灣搞"改革開放"，約略比大陸早 15 年。
國民黨玩政經分離，照樣繼續專政，直到經濟這個下層建築動搖了政治。鄧小平看到一條似乎可行的路，摸著石子過河，向前走。這就是今天中國經濟態勢的原點。

但鄧小平不愧為共產黨，他也看到另外一個更為根本的問題：
中國人的歷史上，所有的統治者都執政到死方休（包括臺灣的老蔣、小蔣），中國人要怎麼世代交替、平穩地往前走？重建中國，畢竟是長期的。

於是，打西元 1982 年起，他靜悄悄的思考、鋪墊退休制度。西元 1987 年，他跟**陳雲、李先念、徐向前**等的全退計畫受阻，鄧小平落得個"半退"。阻力從何而來，不知道，但做官難退休這件事本身就反映了"官僚體制"的大問題。。

西元 1989 年 6 月，半退的鄧小平被迫做了一個艱難的決定：斷然處置六四，這原本是執政的**趙紫陽**、<u>李鵬</u>等應該處理的事。現在還沒有足夠透明的資料與數據來論述這個不幸的事件。9 月，鄧小平全退。

鄧小平終結了中國歷史的一個死結，從此，頂峰權力至多只得 10 年任期。他說："一個國家的命運要建立在一兩個人的聲望上，是很危險的事"。

這是 4000 年可考的中國人的歷史中，統治者第一次主動跟專制的意識

172

與習性拜拜。毫無疑問，當共和國所有資料、數據都透明化之後，歷史仍然會這樣記述：

毛澤東帶領中國人再次獨立自主，其後，**鄧小平**廢止了中國人傳統的專制制度。

100 年之後，也許歷史會加註：
老毛跟共產黨做了許多人類極限都難以思議的好事、壞事，但也出了鄧小平以及類似小平的那款人，他們的的確確改變了歷史，中國人的，以及，世界的。。。

回顧 1949 以來的"共和國時代"：

⊙ 自有人史以來，從來還沒像中國共產黨那樣，是靠發動人民、依賴"人"的因素取得政權的，1921-1949 的共產黨能夠再度統一中國，因為那時後的他們是真正的社會主義者，有著理想主義的情懷與信仰，主動融入人民群眾。

　　1840 鴉片戰爭、直至 1895 甲午戰敗，中國知識分子才醒過來要"現代化"、要"跟國際接軌"。1924 孫中山啟動國共合作、成立黃埔軍校，但隔年他就病逝，如果他成功統一中國，不知道中國會怎樣"現代化"？而 1927 老蔣篡奪國民黨後，歷史證明是中國人悲慘的教訓，因為除了銀元和"上帝"，老蔣啥也不信、而且促成了台獨。

　　老毛以及他的共產黨同志們，絕大多數沒喝過洋水，他們卻真的做到了"跟國際接軌"。全世界所有人史都反映了人們對理想社會的憧憬，現代歐西的勾畫叫做"社會主義"，被他們成功嫁接到了全球人口最多的中國土壤。

⊙ 1949 之後，進城坐天下的共產黨，跟下鄉打天下時候的共產黨很不一樣，越來越回到傳統中華帝國的官僚體系套路了，雄才大略的老毛大帝也整不正，還差點整垮了中國。於是小平同志"開關""鬆綁＂，做了他唯一能做到的事：取消終身執政。然而無論什麼＂主義＂，人類社會都需要官僚＂管治＂，怎麼辦？

社會主義思想是不是真的已經成為現代中國人的一部分文化基因了呢？我們不知道，但中國＂人＂還在演化之中…，還需要＂聽其言而觀其行＂。

⊙ 共和國成立至今66年以來，除了老毛大帝時代的中國人幹了三件好的壞的＂大事＂之外，如今又多一件＂大事＂記錄：開放30年，社會繁榮與進步的程度，＂現代化＂跟傳統的＂列強＂是同個數量級的；可以說，列強用了100年時間辦到的，中國人只花了30年…，至少表面上如此(包括貧富懸殊、拜金，都＂超英趕美＂)。
或許是＂後發的優勢＂吧，少走了點彎路。

但現代中國人的包袱更大了，西元1982年，中國人口10億，
西元2000年，中國人口13億，
西元2016年，估計近15億 …。

現代中國人再解放的唯一道路：回歸真實、科學理性。
求真路途上，自然會產生：高尚的道德、澄清的吏治、真正的創新與突破、降低的人口、生態的環境。

後語　回顧 20 世紀的世界演化

跟前言呼應一下，後語這裡再給"中國人這回事"一點現代感吧，因為演化出現代中國人或華人的歷史過程無法重複，"往後看"正是為了更好的"向前看"。

由於言語本身也算是一種業障，"現代國家"的話語下，難以細微區分"中國人"和"華人"等等標籤，只好混著用。好在數十萬年來的智人演化途徑，從開始的擴散、分支到世界各地，現代科技又漸漸把全球智人混同起來，更加我中有你、你中有我。

往後看，文明起源之初，定居農業是萬年前的"高科技"，對應那時歐亞草原上"落後"的游牧文明。流傳得下來的農業文明，在西亞（安納托利亞、兩河、伊朗）呈現為分散的城邦文化，在東亞則表顯為混同的漢文化。其他沒得流傳至今的，只好成為失落的文明。

所謂的"東西方"文化底蘊，都是人為畫界的"亞洲"的。西亞城邦文化的底蘊，無非（交易+掠奪+處理宗教信仰），東亞漢文化的底蘊也無非（統治+剝削+處理人的因素）。而現代所謂的"全球化"，秦漢一統那時的中國世界，跟羅馬一統那時的地中海世界，其實殊無二致。本質上，就是東西兩種"定居農業"文化的擴散與同化。

而真正全球化東西文化的，是那之前或之後的波斯帝國、吠陀帝國、匈汗國、鮮卑汗國、突厥汗國、契丹汗國、伊斯蘭帝國、蒙古汗國等等游牧機動文化，各自在更大的地域空間攪拌了在地的文化、添加了新的血緣和文化基因，才有今天以"歐洲人"為主的現代文明。今天的歐洲人許多是 1500 年前遷徙到歐洲的游牧"蠻族"，跟今天的漢人許多是"五胡"的後裔一樣。

智人的拾獵文明，平行演化出適存於環境的農業文明和游牧文明，有史以來，機動的游牧文明，一直就是定居的農業文明的攪拌器，默默地扮演著 "全球化" 的角色，使全球智人的大腦得以 "聯網"。

智人大腦 CPU 聯網的成果，終於在 18 世紀大放異彩。
人類進入現代化時代：一個科學的、但拜金的世代。

正如從前的世界 "不完美"，現代世界當然也不完美。
所以要 "向前看" 嘛。

<u>20 世紀</u>才剛剛過去，趁記憶猶新，趕緊回顧世人都幹了哪些大事：

<u>歐洲</u>：

西元 1936-1939 年發生的**西班牙內戰**，其實已經有二戰的影子，而且有其後全球性 "意識形態" 衝突的影子。二戰，所提供的人性相關的數據，沒有超出西班牙內戰的範疇，比如，針對城市平民的轟炸，西班牙內戰已經發生，打破一戰基本不殺害平民的底線，二戰更加放大規模罷了。但西班牙內戰期間，國際縱隊與文人所展現的人道精神，二戰不復重現。當希特勒透過民主選舉取得政權、開始殘殺猶太人之時，僅只美國藝文界有所反應，比如，好萊塢的**卓別林**自資拍攝 "大獨裁者" 以嘲諷希特勒，當時的美國電影公司（許多是猶太人占大股的），竟然因為擔心公司的影片賣不進德國、會影響利潤，抵制**卓別林**，"右翼" 政客們更格外施加壓力。最終還是**羅斯福**讓人捎口信支持**卓別林**拍片，世人方才見得到這部影片。

"意識形態" 之爭，左翼、右翼，就 20 世紀的人類數據看，雙方標榜的理想，自由、民主、平等、理性，都早已在 18 世紀的法國大革命時期揭櫫出來。而在利益或資源的分配上，所謂 "左"，無非站在大多數人的立場，所謂 "右"，則更刻意維護少數人的私有或既有。難道 "自由、民主、平等、理性" 有人性上的分別？

176

理性或科學方法，顯然人腦都能互通，但資訊與數據可被獨佔或作假或片面化，而"自由、民主、平等"的認識，就更被利欲、教化、情感所影響。。。

一戰之後，發生了西元 1929 年末的金融海嘯與隨後的全球經濟蕭條，直接成為觸發二戰的元素。除了政治上造成納粹崛起，軍備競賽與戰爭，居然成為解決經濟問題的手段。

人類第一次為了工商文明的生產力而活，製造不是生存必需的東西、消費掉、運轉經濟、壓制農民糧價，以餵飽集中於城市的大量人口。這個怪圈，中國宋代一度形成，明清兩代被壓制，而歐西則打從工業革命開始便形成，科技與工業的進步，則使得怪圈越來越大。實際，這也是造成歐西海洋殖民與一戰的基本原因：工廠需要市場，投資需要利潤，交易的積累太慢就直接掠奪。。。

追求利潤與消費，成了"現代"的意識與習性，以至於沒有人提問：人們真的那麼需要這些商品嗎？沒有這些東東會活不下去嗎？尤其是，武器的製造…。工商文明，難道不是為了人類福祉而存在的嗎？

美洲：

西元 1932 年，**羅斯福**競選美國總統，提出**"新政"**計畫，壓倒性獲勝，此後蟬聯 4 屆，總統做到他病逝的西元 1944 年。**羅斯福**上任時，美國百孔千瘡，失業人數占勞動力的 25%，銀行倒閉，農業凋敝，工業停滯。

羅斯福任上的"新政"是典型的"共和"傑作：大量增加政府開支（赤字預算），大規模築路、造壩以提高就業率，政府經營公眾福利（救濟失業貧民）與保險（老年退休與失業保險），進行農業補貼（鼓勵農民減產以解決農產過剩）並提高農產品價格，限制壟斷，管制股市金融與銀行業，按累進稅率課征所得稅，課征資產稅…。簡單說，以公權力打造**"福利國家"**模式，大致在 5 年內穩定了美國的經濟，雖然經濟繁榮的恢復，仍然靠西元 1939 年爆發的二戰，擴軍、備戰、軍火交易、戰後重建，才澈底將美國拖出經濟蕭條的泥沼。

能夠在美國實施混雜社會主義理想的資本主義，**羅斯福**無疑相當睿智、相當實在，當時的美國也的確是包容性最寬闊的時代，才會有那麼多美國人志願參加西班牙內戰的國際縱隊，也才能容納**海明威、奧威爾、卓別林**，以及，**愛因斯坦**等等。

愛因斯坦是堅決反戰的和平人士，公開反法西斯、反日本侵略中國，中國抗戰時發起 "援華委員會"、在 2000 個美國城鎮募捐，國民政府拘捕陳獨秀、沈鈞儒等異議分子的時候，與**杜威、羅素**等國際著名人士聯名呼籲蔣介石予以釋放。

愛因斯坦還坦承自己不信 "上帝"，並建議改組**聯合國**為 "世界政府"、反對美國開發氫彈。。。

就美國人的經歷說，一戰時期的**威爾遜**總統提出**國聯**的構想，以及二戰後組建**聯合國**，跟美國社會的包容性相關。而威爾遜任上，美國國內政治卻不讓美國參加**國聯**。**羅斯福**一死，美國右翼政客迫不及待修憲，限制總統只能連任 2 屆（8 年），實際是對 "社會福利國家" 的反撲，限制平民化的總統以選票長期執政，以免妨礙了資本家的利益。

全球：（地球人 20 世紀的經歷）

1911　民國成立，演變成民國時代的混戰，直到 1949 共和國成立

1914-1918　一戰，德國試圖重組世界秩序，戰敗告終

1917　俄國革命，演變出史達林專制的社會主義蘇俄

1929　金融海嘯，引發全球經濟蕭條，以及，1933 美國新政與 1934 納粹的德國、日本

1939-1945　二戰（美國 1941 參戰），德國再圖重組世界秩序，又戰敗
　　　　　　告終

1945-迄今，　美國獨霸世界，資本主義“圍堵”社會主義

1949　共和國成立，1976 之後演變出“中國特色”的社會主義

1989　金融海嘯

1991　蘇聯解體

而 21 **世紀**伊始，世人業已經歷的新生事物：

2001　911，恐怖分子襲擊美國紐約，釀成重大傷亡，全球開始反恐

2008　金融海嘯

世人從這百年來的記憶裡向前看，不能忘記我們這個現代文明已經配備
或存在了的智慧：

體制變革：社會主義（俄、中）；社會福利國家（北歐、瑞士）

科技變革：無線電通訊與廣播，核爆，登月，半導體，電腦，基因生化，
　　　　　網路⋯

大眾文化：好萊塢電影，手機遊戲與社群網

時尚思潮：生態與環保

Re-Do歷史04　PC0631

中國人這回事（IV）
——明清至現代：全球化趨勢下的中國

作　　者／李乃義
出版策劃／獨立作家
發 行 人／宋政坤
法律顧問／毛國樑　律師
製作發行／秀威資訊科技股份有限公司
　　　　　地址：114 台北市內湖區瑞光路76巷65號1樓
　　　　　電話：+886-2-2796-3638　傳真：+886-2-2796-1377
　　　　　服務信箱：service@showwe.com.tw
展售門市／國家書店【松江門市】
　　　　　地址：104 台北市中山區松江路209號1樓
　　　　　電話：+886-2-2518-0207　傳真：+886-2-2518-0778
網路訂購／秀威網路書店：https://store.showwe.tw
　　　　　國家網路書店：https://www.govbooks.com.tw

出版日期／2016年7月　BOD一版　定價／200元

|獨立|作家|
Independent Author

寫自己的故事，唱自己的歌

中國人這回事. IV, 明清至現代：全球化趨勢下的
中國 / 李乃義著. -- 一版. -- 臺北市：獨立作
家, 2016.07
　　面；　公分. -- (Re-Do歷史；04)
BOD版
ISBN 978-986-93316-7-8(平裝)

1. 中國史　2. 通俗史話

610.9　　　　　　　　　　　　　105011014

國家圖書館出版品預行編目

讀 者 回 函 卡

感謝您購買本書,為提升服務品質,請填妥以下資料,將讀者回函卡直接寄回或傳真本公司,收到您的寶貴意見後,我們會收藏記錄及檢討,謝謝!
如您需要了解本公司最新出版書目、購書優惠或企劃活動,歡迎您上網查詢或下載相關資料:http:// www.showwe.com.tw

您購買的書名:_____

出生日期:_____年_____月_____日

學歷:□高中 (含) 以下　　□大專　　□研究所 (含) 以上

職業:□製造業　□金融業　□資訊業　□軍警　□傳播業　□自由業
　　　□服務業　□公務員　□教職　　□學生　□家管　　□其它_____

購書地點:□網路書店　□實體書店　□書展　□郵購　□贈閱　□其他

您從何得知本書的消息?

　□網路書店　□實體書店　□網路搜尋　□電子報　□書訊　□雜誌

　□傳播媒體　□親友推薦　□網站推薦　□部落格　□其他_____

您對本書的評價:(請填代號　1.非常滿意　2.滿意　3.尚可　4.再改進)

　封面設計____　版面編排____　內容____　文╱譯筆____　價格____

讀完書後您覺得:

　□很有收穫　□有收穫　□收穫不多　□沒收穫

對我們的建議:_____

_____

_____

_____

11466
台北市內湖區瑞光路 76 巷 65 號 1 樓

獨立作家讀者服務部　　　收

....

（請沿線對折寄回，謝謝！）

姓　　名：_____　年齡：_____　性別：□女　□男

郵遞區號：□□□□□

地　　址：_____

聯絡電話：(日) _____　(夜) _____

E-mail：_____